그리움의 시간은 거꾸로 흐른다

2025

그리움의 시간은 거꾸로 흐른다

초판 발행 2025년 9월 29일
지은이 지연희, 백미숙, 박하영, 윤복선, 이중환 외

펴낸이 안창현 펴낸곳 코드미디어
북 디자인 Micky Ahn 교정 교열 강 진

등록 2001년 3월 7일
등록번호 제 25100-2001-5호
주소 서울시 은평구 갈현1로 318-1, 1층
전화 02-6326-1402 팩스 02-388-1302
전자우편 codmedia@codmedia.com

ISBN 979-11-93355-41-1 03810

정가 13,000원

이 책의 판권은 지은이와 코드미디어에 있습니다.
잘못 만들어진 책은 교환해드립니다.

| 그리움의 시간은
| 거꾸로 흐른다
| 2025

발간사

언어의 작은 울림을 위하여

언제부턴가 우리의 대한민국은 전 세계적인 K팝 신드롬으로 국력을 격상시키고 있다. 음악으로부터 영화, 뮤지컬, 의상이며, 화장품, 김치 등 한국의 생필품까지 열풍에 이르고 있다. 또한 소설가이며 시인이기도 한 한강의 노벨문학상 수상은 한국 문학인의 자존을 깊이 세워 주었던 일이었다. 그럼에도- 우리의 비틀어진 과격한 정치는 숨을 쉬기 어려울 만큼이지 혼돈의 극치를 보여주었다. 부끄럽기 짝이 없는 전쟁과도 같은 당파 싸움으로 오랜 시간을 흘려보내곤 했다. 무엇이 옳고 그름 인지 계량하지 못하는 국민들의 서글픈 슬픔이 가슴을 아프게 했다. 한걸음 비켜나지 못하고 한 걸음 양보하지 못하는 욕심들이 정의로울 수는 없다 절망의 시절을 견디기 위하여 문파문학회의 시인들이 대표 시선 모음집을 출간하고 있다. 문학인들이 글을 쓰고 있는 이유는 최소한 가슴에 싸인 멍울을 풀어내는 일이다. 개인적인 아픔이든, 시대의 통한이든 언어의 기능을 빌어 세상이라는 공간 속으로 발산해 내는 사람들이 모여있다. 함께 느껴 공감하기 위한 노력이다. 문파 시인들의 다소곳한 언어들이 작은 울림으로 위로가 되었으면 한다. 한 편의 시가 세상을 울리는 감동의 작품이기를 위해 최선을 보여준 문파 시인들의 오늘은 문파가 걸어온 시간의 크기로 입증되었을 것이다. 다만 내일의 발전을 향한 바탕임이 분명하다. 극도로 완성된 문학을 향하여 오늘보다 나은 내일에 최선을 다할 뿐이다. 독자 여러분의 아낌없는 사랑과 관심을 겸허히 기대하고 있다.

지연희(시인, 계간 「문파」 발행인)

회장인사

바람이 불어옵니다
백일홍 꽃잎이 테라스에 붉은 꽃보자기를 펼쳐 놓았습니다
그 위에 바람도 햇살도 고추잠자리도 편안하게 쉬었다
가을을 만들고 갑니다

이 좋은 가을날 우리도 한해의 결실을 나누는 시선집을
출간하게 되었습니다
함께여서 더욱 의미가 있고 한편 한편 작품들이 모여서
문파의 커다란 꽃보자기가 되어
누구나 머물다 갈 수 있기를 소망해 봅니다

2025년 막바지 여름 | 윤복선

contents

발간사 | 지연희 4
회장인사 | 윤복선 5

지연희 010 메신저 / 유빙 / 끈 / 얼음새출 꽃 / 껍질 | **사공정숙** 016 골목 김밥 / 나의 모자리자에게 / 주식시장에서 / 구름 단상 / 온천 여행 | **박하영** 022 사랑이라는 말 / 바다가 부른다 / 간밤의 꿈 / 그래도 봄은 온다 / 밤바다 | **장의순** 029 네개의 사과 / 팔자와 운명 / 콩나물 / 마스크 / 퇴원 전날 | **백미숙** 035 한숨을 등에 지고 / 시심의 눈동자 / 작은 행복 / 새벽 별 하나 / 젖은 꽃잎 | **전영구** 043 가을 소묘 / 과잉 이입 / 깨몽 / 데자뷰 / 닮다, 새삼 | **한윤희** 049 참을 수 없는 / 통음 / 소녀, 분홍빛 기타 / 신발이 자꾸 벗겨졌다 / 모르는 일 | **최정우** 056 다가오는 오후 / 나비의 날개 | **김태실** 060 땅강아지 / 노발리스의 정원 / 낮 2 / 설 / 어머니의 꽃밭 | **박서양** 066 두 고개 / 황금 수저 / 한밤의 시작법 / 숟가락을 얹는다 / 화이트 아웃 | **전옥수** 072 멍 / 초록 별 뜨다 / 세탁소 남자 / 시를 펼치다 / 가시 꽃 | **양숙영** 078 달무리 / 밤꽃 향기 / 쇠똥구리 / 징검다리 / 커피 한 잔 | **유 정** 084 헌 집 / 유월 / 시월의 숲에서 / 단풍나무, 그늘 / 연서 | **탁현미** 092 불꽃 / 달리고, 달리는 아이 / 그 길 위에는 / 눈 내리는 고요한 아침에 / 웃음소리 | **엄영란** 098 달빛 음보 / 리본 단 화분 / 새해 아침 / 가시나무 새 / 심는 삶 | **김좌영** 107 눈꽃 편지 / 초록빛 동산 / 대합실 / 달빛 차집 / 달님 | **김옥남** 113 추

상 / 1인용 의자의 설움 / 비 오는 날이면 / 지워지지 않는 드로잉 / 홍시빛 노을 ㅣ **이영희** 122 섬 / 옥수수 밭에 서서 시간을 만진다 / 잔상 / 고독사 / 요강 / **박옥임** 128 그리고서 다시 / 그리움만 남아 / 곧 봄이 오겠죠 / 어느 시인의 하루 / 붉은 기도 ㅣ **박시걸** 134 알츠하이머 / 활문어 / 여로 / 바람 / 살아있는 가락 ㅣ **부성철** 142 강의실에서 / 안녕, 하루살이 / 길냥이 / 너는 누굴까 / 영풍문고 ㅣ **조정희** 149 저 고요한 소리 / 아부를 모르는 거울 / 어둠을 벗겨내다 / 시간이 만든 거대한 작품 그랜드 캐니언 / 환상의 붉은 정원 브라이스 캐니언 ㅣ **허정예** 155 자작나무 숲 / 경포대에서 / 선운사 동백꽃 / 시를 만나러 갑니다 / 배달 맨 ㅣ **노정순** 161 불두화 / 초가리 / 노점 판에 장난감 / 오월의 고향 언덕 / 너울성 파도 물매질 / **김용구** 168 서울 합정동 / 노년의 발자취 그리고 일상 / 겨울 정원 / 숲 속리산 / 아버님의 삶 ㅣ **심웅석** 175 아버지 / 행복 한 조각 / 묵언 / 구름아 / 아름다운 세상 ㅣ **윤복선** 182 꼬끼리의 일생처럼 / 청보리 밭에는 / 징검다리 / 공포의 순간 / 항구는 자유다 ㅣ **이중환** 189 5월 / 몸을 닦는다 / 조약돌이 예쁜 것은 / 베란다의 화단 / 석양 아래서 ㅣ **강정임** 195 민들레 / 복주머니꽃 / 산세베리아 / 으름 / 진달래꽃 ㅣ **손거울** 201 겨울 숲에서 / 군불 / 벌초 / 고향 / 간 갈치 ㅣ **안일균** 209 계룡산 갑사를 내리며 / 친구를 부듬고 / 거미줄을 치다 / 궁평리 해송 / 노란 의자 ㅣ **김지안** 216 넝쿨 / 어두움을 헤치고 / 파란 하늘 / 하늘아 / 오소서 ㅣ **강신덕** 224 생각지 못한 / 향수 / 꽃과의 사랑 / 봄은 / 어둠의 장막 ㅣ **김덕희** 230 능개비 / 습설 / 아카시아 꽃 / 창꽃 / 빈자리 ㅣ **김숙경** 236 사육 / 식구들 전 상서 / 그곳, 지금 눈이 니리나요

/ 독한 게 좋다 / 비가 내린다 l **안윤자** 242 복약 아래 노천카페 / 정이 가는 사람 / 백학 l **이자숙** 246 설국 여행 / 정순 언니 / 6월의 향기 / 옥수수 / 안경집 l **김연옥** 254 낡은 의자 / 통곡의 나무 초록으로 물들다 / 사과를 먹으며 / 할머니와 홍시 / 아버지의 나무 지게 l **임복주** 260 보스턴 강가 / 봄의 에테르 / 별 바라기 / 겨울 바다 l **김경미** 265 마법사 / 갈팡질팡 봄 / 배터리 방전 90 / 삶은 달걀 / 선택의 역설 l **이유숙** 271 가는 오늘 / 덤 / 육지의 고래 / 햇살 맛사지 / 휴면 전화기 l **이정권** 277 임종 / 황혼 노래 교실 / 한 줌의 흙 / 진해 군항제 / 초록 숨결 l **노을** 284 초대 / 풀지 못한 보따리 / 불꽃 이후 / 냉이 꽃 / 블랙 커피 l **박태희** 290 고기잡이는 갈대를 꺾지 않는다 / 그리움의 시간은 거꾸로 흐른다 / 데칼코마니 62 / 시와 씨 / 아, 세월아 / **진정희** 297 흔들리고 있다 / 귀뚜라미와 나 / 난전에서 / 창밖의 은행나무 / 격포항 l **모정화** 303 취하고 싶다 / 비 오는 아침 / 길 잃어버린 / 보이는 것 / 기다림

그리움의
시간은
　　　거꾸로
흐른다

무심의 꽃잎으로 피고 지는 길
따라나선 붉은 꽃잎

지연희

한국수필(1982년) 월간문학 신인상(1983년 수필). 시문학(2003년 시) 신인문학상 당선, 사)한국문인협회 수필분과회장 25대, 26대 역임, 사)한국수필가협회 이사장 역임. 사)한국여성문학인회이사장(역임). 사)현대시인협회 이사. 사)한국시인협회 회원, 계간 『문파』 발행인. 수상 : 제5회 동포문학상 수상, 제11회 한국수필문학상, 대한민국 예총예술인상, 제9회 구름, 카페문학상 수상, 제30회 동국문학상 수상, 제12회 조경희수필문학상 수상, 제58회 문인협회 한국문학상 수상. 저서 : 수필집『식탁 위 사과 한 알의 낯빛이 저리 붉다』외 다수, 시집『숨결』『메신저』외 다수, 작품론『현대시작품론』『현대수필작품론』『지연희작품세계』.

메신저

유빙

끈

얼음새출 꽃

껍질

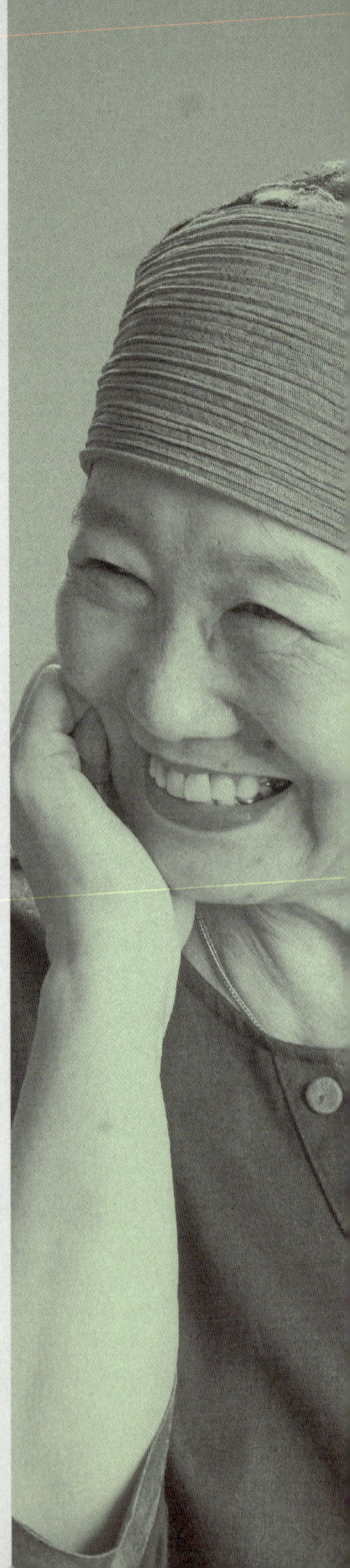

메신저

산기슭 외딴 마을 앞 저 혼자 비바람 맞고 있는 장승처럼
공원 길모퉁이 남자가 허공을 내다보며 나무 의자에 앉아 있다
다 썩어 뭉개진 검은 짚더미처럼 툭 치면 스러질 듯
어렴풋한 남자의 얼굴은 검회색 빛이다
더 마를 데 없는 검푸른 앙상한 얼굴 가느다란 팔목과
휑한 두 눈 속에 그려 놓은 견고한 말씀의 철학
'오고-가는 길이라네' 묵묵히 바람의 언어로 그려주는데
왈칵 쏟아지는 눈물이 그의 철학에 화답하는 게 아닌가
모퉁이를 돌아가던 발길 되돌려 철렁 내려앉은 가슴으로
지폐 한 장 짧은 요기의 징검다리로 건네는 사이
천천히 천천히 천천히 한 손으로 받아 들고
접고 접고 접어 안주머니에 넣는다
먼데 노잣돈 챙기듯 슬로비디오를 찍어내고 있다
'고-맙-습-니-다'라는 음표는 바람이 먼저 받아 가고
얇은 입술 위엔 소리가 남긴 빈 거죽만 걸려 흔들리고 있다
나무 의자 양옆으로 짚은 두 손끝의 안간힘
전신을 받히고, 천천히 눈을 감았다 뜬다
혹여, 남자는 이별의 노래를 부르고 있다
하늘을 올려다보며 메시지를 전송하고 있다
'지금 가고 있어요'

더 마를 데 없는 검은 앙상한 남자가
곧 스러지려나 보다

유빙

생명을 잃어버린 육신은 지을 수 없는 슬픔이다
하늘 어두운 날 추녀 끝에 서서 떨어지고 마는
햇살처럼

발끝에서 머리끝까지 묻힌 너의 육신은
이제 나를 알아채지 못하는 주검이다
알뜰하게 돌아선 결별의 증언

손을 내밀면 소름 돋는 생사의 경계가
꿍 심장을 떨어뜨리는

얼마나 까마득한 절벽이었을지
레테의 강 툭툭 떨어져 부서지는 유빙의
파편 위에 서서

하염없이 깊은 눈물로 흐르는 강

천국의 평안에 도달하는 일
쉽지 않을 터

내가 할 수 있는 일은 매 순간
하늘길 동아줄에 기도로 묵상하는 일

끈

잘 여문 단호박 하나의 배를 두드리자
실한 씨앗들이 산실의 그물망에 걸려있다

단내가 상큼하게 코끝을 스치는데 저 먼
조상의 황금빛 역사가 끈적거리며 스며든다

갈급해 하는 씨앗들을 채반에 올려놓고
단단한 조상님들 함자를 읊어주는데
한 해의 동면이 순간, 지나갔다

옥상 텃밭에 뿌려진 숨의 입자들 신비로운
몸짓으로 뒤뚱거리며 천지를 뚫고 돋아 오른다

초록의 요정들이 또닥 또닥 또닥 고개를 들고
어느새 기둥을 타고 오르는

나팔 소리 울려 퍼지는 하오,

봉긋하게 부풀어 오르는 산모의 자궁 속에는
다시금 왁자한 끈들이 맨발의 동아줄을 엮고 있다
단단하게 뿌리를 뻗는

얼음새출 꽃

까마득한 지층을 뚫고 지상에 솟아오르는 생존,
차디찬 빙벽의 휘장에 싸인 거푸집 토양에 엎드린 뿌리 하나가
고개를 들어 올리자 파릇한 풀잎들이 지느러미를 흔든다

몸서리치는 한기가 온몸으로 스며들 때면
뿌리로부터 치솟는 공포가 목덜미를 누르곤 했지
깎아지른 절벽 절망의 늪에 떨어지고 마는 꿈을 꾸었어

한 송이 꽃잎을 피워내는 일은 죄지은 인류를 구원하기 위해
사흘의 침묵에서 부활하신 그분의 기도

너의 가픈 나들이는
노오란 꽃잎을 펼쳐 환히 웃음 짓는 일
세상이 온통 신비로운 기쁨으로 피어나는 일이지

밤새 어둠을 지워내던 아침은 기어코 눈부신 햇살을 밝히고

다소곳이 솟아 올린 얼음새출 꽃
견고한 뿌리로 손을 잡는
화안한 낯빛에 이는 맑은 종소리

껍질

굴피나무 마른 살갗이 분말 가루처럼 부서져 내린다
제 몸의 발목쯤에 뿌옇게 내리고 있다
시간의 깊이를 다듬느라 견고하게 마른 나이테 사이로
물기라고는 햇살 작열하는 사막의 모래사장이다
아무도 관심 두지 않는 아버지 소실消失의 역사가
걸음걸음마다 흥건하다
건드리면 쓰러지고 말 팔십 고개 거뭇한 몸을
파리한 낯빛으로 곧추세우는 일
까무룩 한 아버지의 하루는 단단하게 굳어
갈라진 발뒤꿈치로 언제나 핏물이 흥건하다
겨울 재래시장 좌판에 서서 꽁꽁 얼어붙은 하루를
토막 내며 겹으로 겹으로 쌓인 굳은살

세숫대야에 따뜻한 물을 담아 아버지 상처를 불리는데
뿌연 수면 위로 둥둥 떠오르는 아버지의 껍질
비릿한 내 살갗들이 우수수 일어선다

그녀를 바라보는 나는
더 큰 액자에 갇혀있다

사공정숙

2005년 『문학시대』 시 부문 등단. 1998년 『예술세계』 수필 부문 등단. 계간 『문파』 주간 상임운영이사, 한국수필가협회 운영이사. 문학의 집·서울 회원. 저서 : 수필집 『꿈을 잇는 조각보』, 산문집 『노매실의 초가집』 『서울시 도보 해설 스토리북』, 시집 『푸른 장미』 등.

골목 김밥

나의 모자리자에게

주식시장에서

구름 단상

온천 여행

골목 김밥

 언제나 그렇고 그런 시골을 눈에 담고 도시로 나왔다 대구 신천동 달동네는 미로처럼 골목길이 이어져 있었다 뻥튀기 집과 기름집을 거쳐 낯선 변두리 살림을 엿보지 않고 돌아 나와야 하는데 아차, 극장이 나오는 찻길까지 나와 버렸다 그럼 길을 잃은 것이다 뒤돌아 갈 줄 몰라 엉뚱한 탐구 영역을 헤매이던 어린 날들이 지금도 무한반복 중, 칠흑 같은 어둠 속에서 수정체의 수고를 등에 업고서, 모래주머니를 매단 듯 무거운 다리로 내달리던 골목길, 그간 골목의 길이는 지구 몇 바퀴는 될 거야 얇게 검은 장막을 둘러친 그곳엔 나를 정탐하는 스파이는 보이지 않았어 골목만이 반쯤 눈을 감고 지켜보고 있었지 동과 서, 남과 북을 나누는 표지는 더 먼 꿈속에서나 보이겠지 장막의 바깥에서 풍기는 뇌쇄적인 깨알 같은 함성이 들려오면,

 철없는 주황과 노랑이 푸른 텃밭의 녹색 시금치에게 곁을 내어주면, 그 옆자리에 무수한 골목의 기억들을 나란히 잘라 넣고 야무지게 말아본다 캄캄한 밤의 보자기로 단단하게 말아야지 이제 나오지 마, 절대 나오지 마, 거기가 네가 있을 자리야, 내가 너를 다 먹어버릴 거야 검은 칠의 농도가 덜 반짝여도 상관없겠지, 봉인된 기억의 잔상들이 가지런히 자리를 깔고 눕는 든든함이 호사스러워 보이고, 누군가는 그래서 뺄셈이 살아갈 밑천이라고 한다네

사공정숙

나의 모나리자에게

그녀는 갇혀있다 하나의 바탕체에 입혀진 빛과 그림자, 완성의 순간부터 늙기 시작했다 아니 뱀파이어처럼 나이를 먹지 않을 뿐. 그래도 나이를 먹었다. 얼마나 오래 장수의 축복을 누릴 수 있을까. 사람들의 기억 속에 얼마나 오래 남아 있을까, 걱정하지 말라. 그녀를 만난 사람들이 죽고 또 죽고 사라져도, 사라져 간 선대의 유물들에게도 조롱 삼아 얌전한 미소를 그리며 그녀는 살아남을 것이다 그래도 갇혀있다 갇혀있는 그녀가 박제되기 전에 탈출하길 기다린다 점점 두터워지는 오해와 진실, 높아만 가는 점수의 두께를 스스로 깨뜨리고 나오기를

그녀를 바라보는 나는 더 큰 액자에 갇혀있다

주식시장에서

꿀벌처럼 조금씩 꿀을 모은다
매일 이 꽃에서 저 꽃으로 신호가 잡히는 대로 찾아다닌다
하늘 높이 날기를 포기하고
선창가를 두리번거리며 어부가 던져준 물고기에
정신 팔린 갈매기처럼
조나단의 비웃음도 상관하지 않는다
가만히 엉덩이로 기다리고 기다린다
바람을 향해 마주앉아 꽃이 보내는 신호를 읽는다

화려하게 변주하는 빗줄기의 리듬,
들판 위를 선회하며 짝을 찾는 새들의 소리에도 귀 기울인다
한 스푼, 한 방울의 꿀을 모으기 위해
모든 그늘의 무게와 시간을 잰다
나무의 뿌리가 닿는 곳에서는 무슨 일들이 벌어지고 있을까
째깍째깍 밖에 내걸린 시계의 초침 소리를 들으며
제트기의 날개 대신 꿀벌의 비행 항로를 찾는다
날개를 달고 시간이 흐르면
세상은 지구본처럼 수축과 긴장 속에 조그맣게 줄어
먼 나라 먼 도시에 진열된 꽃들에게서
한 스푼, 한 방울의 꿀을 따오지만

이제 꿀이 달지 않다

구름 단상

두근두근 기대로 가득차 가출하였지 또래들과 어울려 내내 몰려다녔지 시커멓고 음흉한 녀석들, 주먹 쥐고 가만히 으르렁 대느라 종일 힘이 들었다 점점 눈꺼풀이 무거워진다 이제 자러 가야지. 엄마가 부르러 올 거야 머리칼을 흔들며 잠 속으로 빠져든다 잠은 한없이 긴 나락, 추락의 평온함, 흔쾌히 혼곤한 바다로 헤엄쳐 나아간다 온갖 기억들이 난무하고 온갖 꿈들이 이어진다 눈동자 속에 무지갯빛 색채와 모양을 싣고서 줄기차게 밀어낸다 나는 모든 드라마의 주인공, 하굣길의 벼논, 벼논의 달팽이, 징검다리 놓인 돌돌거리는 개울물에도 내 얼굴이 스친다 우산 밖으로 손을 내밀고 하늘을 우러르는 사과처럼 상큼한 소녀의 몸속에서도

다음 생에도 엄마인 내가, 깨우러 올게

온천 여행

심장 가까이 다가갈수록 뜨거운 별, 설국의 빙원에 무릎 꿇고 엎드려본다 귀를 대고 누워본다 작은 맥박, 희미한 신음, 지구의 눈물 소리가 들린다 깊은 곳 긴 핏줄을 따라 지상으로 올라 하늘을 우러르는 곳, 또 다른 별들의 반짝이는 호흡을 읽고 신호를 보내는 신성한 장소, 사람들이 지구의 맥박 속에 몸을 담그고 하늘을 바라본다 깜박이는 수신호가 너무 멀어 애틋하다 저 별에 존재하는 숨들 역시 그러할 것, 너무 무거워, 지상의 모든 다툼을 말리기엔 점점 힘들어, 눈물 속에서 맥을 짚으며 배낭 가득 산소로 채운다 사다리에 올라 또 다른 별의 온기를 찾아 긴 여행을 떠나는 오늘. 막간의 휴식에 새롭게 리셋 되는 심장

시를 쓸 때마다 이젠 시 쓰는 일을
그만둘까 하다 가도
그래도 시인이라는
이름표를 달았는데 안 쓰면
내가 뭐가 될까
하면서 시를 쓴다.
읽어주는 사람이 없으면
나라도 읽어야지 하고 쓴다.

박하영

2001년 창조문학으로 등단. 2006년 현대 수필로 등단. 저서 : 시집 『바람의 말』 『직박구리 연주회』 『바다에 또 왔습니다』, 수필집 『별 본 밤』. 문파문학상 수상, 문파문학 고문, 현대수필 이사.

사랑이라는 말

바다가 부른다

간밤의 꿈

그래도 봄은 온다

밤바다

사랑이라는 말

내 친구 명신이는 내게 카톡을 보낼 때
사랑하는 덕에게 이렇게 문자를 두드린다
나뿐 아니라 단톡방 다른 친구들에게도
이름 앞에 꼬박꼬박 사랑하는 ○○라고 쓴다
항상 다정하고 상냥한 친구여서 사랑한다는 그 말이
자연스럽게 미소를 머금게 한다
나도 따라 하고 싶은데 어지간해서는
그 말이 써지지 않는다
난 얼마나 사랑이라는 말에 인색한 걸까
함부로 쓰지 못할 금지어처럼
가슴에 담아두기만 했다
난 참 삭막한 가슴을 지녔나보다
지금이라도 그 말을 자주 쓰고 싶지만
따뜻한 그 말이 왜 어색하고 부끄러울까
입버릇처럼 내 아는 가까운 사람들에게
사랑한다는 그 말을 내 친구 명신이처럼
온기를 담아 따뜻하고 상냥하게 불러주고 싶다

바다가 부른다

바다의 부름에 못 이겨
무작정 또 바다로 왔다
쪽빛 하늘에 새털구름
손에 잡힐 듯 흐르고
바라만 보아도 가슴이 확 트이는 망망대해
풍덩 빠지고 싶은 투명한 바다를 끼고
맨발로 찰방찰방 바짓가랑이 적시며 걷노라면
발바닥에 와 닿는 신선한 바다의 감촉
이마에 흐르는 땀을 절로 씻어준다
갈매기도 덩달아 춤추며 나르고
초여름 바다를 즐기는 한가한 사람들
가득 시어를 낚으며 물속으로 뛰어든다
해초를 건져 올리며 짜릿하게 지르는 비명
마음속 깊이 쌓인 찌꺼기를 날려 보낸다
나를 새롭게 태어나게 하는 바다
싱그럽게 나를 헹구고 돌아간다

간밤의 꿈

어지러웠던 간밤의 꿈
새벽에 깨어보니 다 하얗고
마지막 꾼 그 꿈만 생각난다
여행을 가려고 먼 곳까지 나갔는데
가방을 가져오지 않아
다시 돌아오는 꿈 애타게 꾸다 말았다
왜 이리 꿈속에서조차 되는 일이 없을까
발만 동동 구르다 해는 저물고 있다
더 저물기 전 꼭 가봐야지
별빛 쏟아진다는 몽골을 가기로 점찍었다
일주일 있으면 진짜 꿈꾸던 그날이 온다
드넓은 초원과 사막을 찾아
잊고 살았던 나를 찾아
은하수 쏟아져 내리는 별밤을 보러
방방 뛰는 가슴을 붙들고 가방을 싸고 있다

그래도 봄은 온다

봄빛이 따스히 찾아와 문을 두드리는데
겨우내 닫아둔 창문 열 수가 없네요

정의와 상식이 통하지 않는 어처구니없는 세상
서로 가슴을 후벼 파는 맞불 지르는 소리
귀가 따갑고 억장이 무너져 내리는 소리
이런 소리 들릴까 봐 창문을 더 꼭꼭 닫네요

남녘에선 꽃소식 들려오는데
행여 꽃향기라도 실려 올까 봐
창문을 활짝 열고 상큼한 내음 맡고 싶은데
미세먼지 자욱한 흐릿한 세상
숨조차 쉴 수 없는 창밖이 두려워
창문을 꼭꼭 닫고 사네요

분열로 갈라선 시끄러운 세상
미세먼지 오염으로 뒤덮인 세상
오는 봄 가로막지 말라고
창문 열고 소리소리 지르고 싶네요

그래도 기어이 찾아오는 봄

푸릇푸릇 옷을 입고 저 언덕 넘어
서로 사랑하고 용서하면
새 세상이 올 거라고
기다렸던 봄이 숨 가쁘게 밀려오고 있네요

밤바다

늘 소리쳐 부르는 바다로
나는 또 무작정 왔습니다
뭘 보여주겠다고 나를 불렀는지
바다는 해가 저물도록 찌푸린 인상으로
철썩철썩 화만 내고 있었습니다.
흐린 회색 바다만큼 내 마음도 우울하여
바다가 내다보이는 호텔에서 잠을 청했습니다
어지러이 꿈을 꾸다가 새벽 3시쯤
무심결에 커튼을 젖히고 창밖을 내다보았죠
정말 놀라운 일이 벌어지고 있었습니다
바다는 화려한 조명 속에 미친듯이
황홀한 춤을 추고 있었습니다
동해를 가로질러 오던 드센 파도는
거침없이 해변을 때려 부수고
내 가슴까지 산산조각 냈습니다
잡다한 근심일랑 저 파도에 날려버리라고
오래오래 내 마음속에 파동을 일으키며
오늘도 나를 바다로 오라고 손짓하고 있습니다

많은 생명체가 활개치는
여름이 좋다

장의순

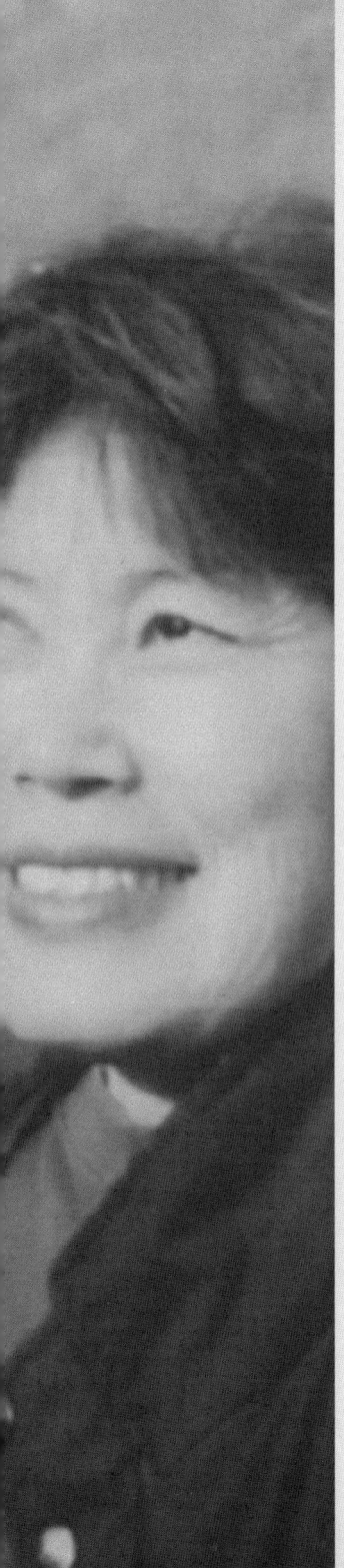

『문학시대』 시 부문 등단. 한국문인협회 회원, 용인문협회 회원, 문파문학회 회원. 시대시인회 회원. 한국여성문학인회 회원. 수상 : 문파문학상, 창시문학상. 저서 : 시집『동그라미 속에서 산다』,『아르페지오네 소나타』,『쥐똥나무』, 공저『문파 시선집』외 동인지 다수.

네개의 사과

팔자와 운명

콩나물

마스크

퇴원 전날

네개의 사과

아담과 이브의 사과
이브는 에덴동산의 금기 사과를 따서 아담과 함께 먹었다
그리고 서로 사랑의 감정을 갖게 된다

뉴턴의 사과는
사과나무 아래에서 떨어지는 사과를 보고 만유인력을 발견했다 만유인격의 발견은 물리학의 초석이 되었다

윌리엄 텔의 사과는
아들의 머리 위에 있는 사과를 화살로 쏘아 떨어뜨리다, 부패한 권력 앞에 항거한 윌리엄 텔의 활 솜씨, 로시니*의 마지막 작품 윌리엄 텔 서곡은 모든 것을 말해 준다.

잡스의 사과는
근세에 와서 이빨로 한입 깨물은 스티브 잡스의 사과다 그는 IT로 세상을 바꿔 놓았다 깨물어야 역사가 시작된다는 사실을 잡스는 아담과 이브의 사과에서 퍼 왔을 게다 원죄로 회귀하다 그 원죄는 하느님이 인류의 번영을 위함이었다

따먹다, 떨어지다, 화살로 쏘다, 이발로 깨물다,
모두가 동적인 진행형이다
현대인은 이 4개의 사과로 철학을 논하다.

---
* 로시니: GioacchinoRossini(1792~1868). 이탈리아 오페라 작곡가.

팔자와 운명

팔자와 운명은
이미 숙명적으로 정해진 길
비슷한 의미를 내포하고 있다

팔자는 무녀도*가 연상되는
샤머니즘적인 토속 냄새가 나고
운명이란 진보된 이성적 언어로
비극적인 햄릿**냄새가 난다

팔자는 동양적인 언어로
카멜레온의 변신이 들어 있고
운명은 서구적인 언어로
부동의 각인이 박히다

베토벤의 운명 교향곡을
팔자 교향곡이라 말할 수는 없겠지

인생에서 예고 없이 다가오는 불행을
어찌할 수 없기에
사람들은 팔자니 운명이니
자위하며 긍정하며 살아간다.

---
* 무녀도: 김동리의 단편소설.
** 햄릿: 셰익스 피어의 4대 비극중 백미.

콩나물

삼베천으로 덮어둔
콩나물시루
빼곡히 들어찬 콩나물
물 흐르는 소리

시루에 물을 줄 때면
쏠미미(나비야)
파레레(나비야)
도레미파 쏠쏠쏠(이리 날아 오너라)

음의 계음을 창조한 이탈리아의 아무개가
오선지에 콩나물을 그리게 된 건 신의 계시라면
우리 조상이 먼저 그 영감으로 콩나물을 키웠다

케이팝이니 아이돌이니
다 콩나물이 없었다면
불가능했을 우리의 음계다.

마스크

감기 예방에 이만한 게 또 있을까
마스크를 쓰기 전엔
해마다 한 번씩 감기를 심하게 앓았다
기침, 눈물 콧물로
큰 병이 아닌가 싶어 여러 병원을 전전하기도 했다
어쭙잖게 여겼던 감기가 삶의 질을 흩트렸어
마스크가 감기를 막아줄 줄이야

코로나 땡큐
오늘도 화장기 없는 민낯에 마스크를 쓰고 외출을 한다
어쩌다 젊어진 기분에 좀도둑처럼 히히 웃음이 나온다.

퇴원 전날

세브란스 병원 15층 입원실
허리 시술을 하고 3일 밤을 지나 내일이면 퇴원한다
환자들을 위한 넓은 휴게실
어둑해지는 시간
넓은 유리창 두 개에 쓰인 붉은 글씨
'배연창 화재 발생 시 자동으로 열리는 창문입니다.'
'화재 발생 시 외에는 개폐 작동을 금지합니다.'
선뜩 낯설은 단어가 아찔하다

유리창 너머로 시야가 탁 트이는 오른쪽은
고층 아파트가 빽빽하고 왼쪽은 야트막한 산들이
녹색으로 이어져 병원 뒤뜰까지 여름이 내려와 있다
낮에는 눈을 싱그럽게 해 주었고 초저녁 우거진 수풀은
깊고 고요하다

아름다운 녹원의 계절
아프지 않으면 행복한 세상
기명색 노을이 넓게 퍼져 나간다
이윽고 어둠이 노을을 덮는다.

남아있는 사랑 기쁨 슬픔의 날을 품고
새벽 별을 바라보며 아침을 연다

백미숙

2005년 시, 2010년 수필 『한국문인』 수상 등단. 국제펜문학회원, 문학의집 서울회원, 문파문학명예회장. 한국여성문학인회이사. 한국문인협회 이사 역임. 한국수필 부이사장 역임, 한국문인편집상임위원역임. 수상: 박종화문학상, 새한국문학상, 문파문학상, 한마음문학본상 외. 저서: 시집 『나비의 그림자』 『리모델링하고싶은 여자』 『오늘도 그냥』 외.

한숨을 등에 지고

시심의 눈동자

작은 행복

새벽 별 하나

젖은 꽃잎

한숨을 등에 지고

잊어버린 기억 들을
어깨에 메고 걷는다
갈대숲을 스쳐 지나가는 바람뿐인데
잊혀져 가는 기억 속에
아스라이 떠오르는 얼굴들
발걸음마다 수많은 말들이 따라온다

미워할 수 없는 미소가
가슴에 살포시 고인다
작은 책갈피에 꽂아 놓은 옛 친구의 사진은
말 없는 눈빛만 보아도
그 마음 느낄 수 있는데

바람에 실려 날아가 버린 세월은
나이테가 굵게 늘어갈수록
고단한 한숨 소리의 자국뿐
나이 들어 건망증이 두려운

하얀 머리의 등 굽은 할머니는
오늘도
살아온 날의 기억을
잃어버려 가는 게 안타까워
한숨을 등에 지고 걷는다

시심詩心의 눈동자

연못처럼 보이는 캄캄한 밤하늘에
별들이 수련처럼 반짝거린다

슬픈 주검들이 별이 되었나
아버지별 어머니별 언니별이
깊고 깊은 연못 속에서
눈물처럼 반짝이며 속살거린다

슬픔의 조각들을 알알이 주워 모아
살랑거리는 봄 소리에 고개 내밀고
가슴속에 일렁이는 시심의 눈동자로
영롱한 연꽃 한 송이 피워내고 싶다

아직은 살얼음 덮여있는 겨울이지만
시간이 있다는 건 축복이잖아
남아있는 사랑 기쁨 슬픔의 날을 품고
새벽 별을 바라보며 아침을 연다

작은 행복

캄캄한 밤 나를 지켜주는
작은 별 하나
가슴 찡하는 눈물방울
주는 기쁨이 큰 아가페 사랑

이른 새벽 거실 창문을 열고
달디단 산소 길게 마시면
까맣게 속 끓이며 잠 못 이룬
괴로움 슬며시 사라지고

창문으로 스며든 실바람이
이마의 머리카락 살짝 올려주면
세포를 자극하는
생명의 느낌

별일도 아닌데 일상이 주는
짜릿한 말 한마디
기쁨의 순간
얼마나 커다란 활력소인가

진흙 연못 속에서 말갛게 웃으며

아침이슬 머금고
해님을 마중하는
천사 같은 연꽃을 생각한다

오늘도
스스로 느껴야 가질 수 있는
작은 행복 한 톨
내 마음 모롱이에 갈무리한다

새벽 별 하나

새벽잠에서 깨어 창밖을 바라보니
희끄무레한 미명인데
하늘에서 반짝이는 작은 별 하나
내 눈을 훔쳐 갔다

참 부지런하구나
처음 보는 새벽 별 인데

화성일까 목성일까
금성이겠지?

태양 가까이에서 친하게 지내는
개밥바라기 별

잠에서 깨어나지 못한 이른 새벽
그만 일어나라고 정신 차리라고
이른 새벽 반짝이고 있었구나

지구촌이 수마와 화마와 병마에 신음하며
호랑이와 사자들이 으르렁거리며 다투고
폭음 소리도 요란하게 자연을 파괴하며

사람들을 죽게 하는데

눈물 젖은 새벽 별 금성 하나
인간들의 행태를 보며
견디기 힘든 슬픔을
되새김질하며 바라보고 있다

젖은 꽃잎

실바람 불어
가랑비 내리며
꽃잎을 적시고

젖은 꽃잎이
가을을
불러 모으면

국화 꽃잎에
방울방울
눈물이 맺히며

나를
칭칭 동여매는
그리운 얼굴

사랑의 물결
가슴속에 출렁거리며
떠오르는

보고픈 얼굴
눈물에 젖은 꽃잎
어 머 니

불분명한 시간의 흐름을 느끼고 난 뒤
지나가는 바람을 잡을 수 없듯
더더욱 시간은 덧없음만 느낄 뿐
막고 설 명분도 없이 그저 헛헛한 웃음만 난다
나만 그런 건지 …

전영구

충남 아산 출생. 『문학시대』 시 부문 등단, 『월간문학』 수필 부문 등단. (사)한국문인협회 감사 역임, (사)한국수필가협회 회원. 가톨릭 문인회 회원, 대표에세이 문학회 회장 역임, 경기 한국 시인협회 이사, 경기 한국수필가협회 부회장. 수상 : 한국수필작가상, 대표에세이문학상, 수원문학인상, 백봉문학상, 경기시인상, 경기한국수필작품상. 저서 : 시집 『민낯』 외 6권, 수필집 『이따금』 외 1권.

가을 소묘

과잉 이입

깨몽

데자뷰

닮다, 새삼

가을 소묘

가을처럼 가라
단편소설 속을 채우던
늦가을 같은 그대
사랑이라는 이름을 얻었을 땐
가는 계절도 무심결에 보냈는데
한 장도 아닌 전편을
그대만으로 전개해 놓고
시야 끝에 서서 흐릿해진 모습이
망연한 가슴과 버무려져 있다

다가서는 냉기를 막고 서서
머무는 이유를 묻고 싶을 때
늦가을이다 싶으면
홀가분하게 떠나라

과잉 이입

한 잔 술이 되고 싶다
계절에 묻혀오는 바람 소리도
발길에 부서지는 낙엽 소리도
귀에 거슬리는 날엔

만나는 즐거움보다
돌아선 개운함이 느껴지는 그런 날엔
관계의 과잉보다는
삶의 동선이 같은 이와 평행이고 싶다

새벽 창에 맺힌 이슬조차 거추장스럽고
가로등에 젖은 땅 빛마저 추적해 보일 때
애걸해서라도
필요로 하는 관계의 엉킴보다
엉겁결에 뒤틀린 속내를 드러 낸
어이없는 날엔
차 한 잔의 어색함보다
낯가림을 빙자해
혼자라는 세속에 파고들기 위해
한 잔 술이 되고 싶다

전영구

깨夢

아늑하다
존재하기는 했던가
꿈이 비틀대던 때가

내 것이었고
뭐든 할 수 있어
하룻밤에도
몇십 층 건물을 지었다 무너트리던
호기의 꿈에서 깬 후
알게 된 거울에 비친 모습
물 건너간 청춘처럼
한 치 앞이 겹겹 절망에 휘감겨 있다
누구도 아닌
나로 살아야 하는 현실이 준 一聲

늘 깨어 있어라

데자뷰

바라만 봐도 미소가 되던 그대가
풀리지 않는 미로 속에 있다
분명
유치한 고백에도 환히 웃어주었기에
감정의 변화를 떠안고 있으려니
암송되지 않은 詩語처럼 슬프다
분명
꼬인 배알 속엔 누군가 있었고
그게 나려니 했던 추측에
침묵이 답으로 돌아오니
헛 숨결만 힘겹게 비벼댄다
어느 때인가
이 슬픔을 가져온 이가 있었다
이 언저리 어디쯤

닮다, 새삼

휘감아오는 거친 언어를 흔히들 아는 투정으로 치부하니
조절 불능과 맞닿아 정점 없는 치달음만 난무한다
심드렁한 감성의 기복을 선회만 하다 돌아서니
잦은 눈 깜박임 속에 숨긴 물음표만 날을 세운다
참 아둔한 설정
이력도 없는 수치로 작정한 무능 감지 속
얼 비춰오는 조롱 닮은 배려에 분실한
새삼, 고립이 그립다
사
랑
도
그렇다

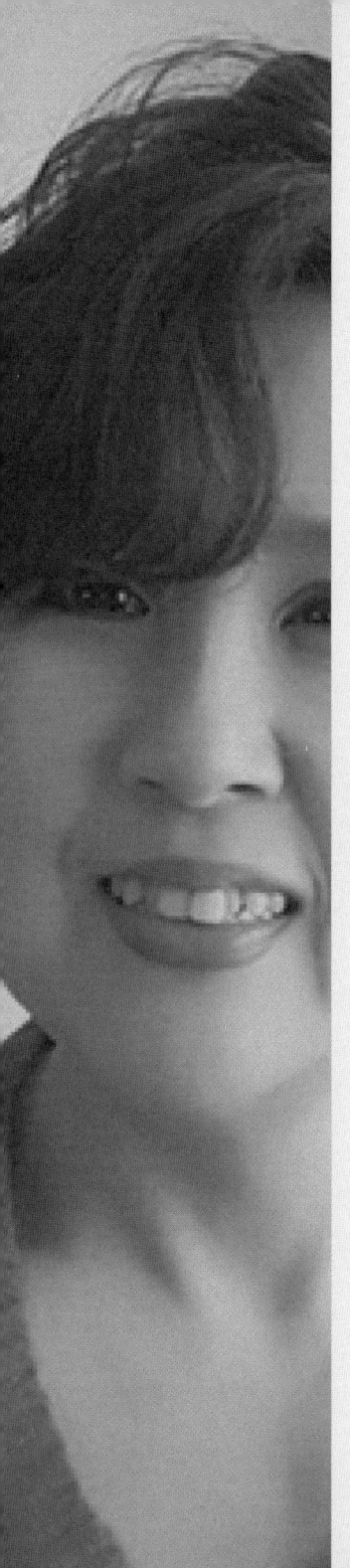

이른 아침
오이꽃과 마주한다.
맑은 색과 소리가 몸으로 스며들었다.
그것만으로도 이 生은 충분하지 않은가.

한윤희

2005년 『문학시대』 등단. 시집 『물크러질 듯 물컹한』 『뜨거워지는 사각 침묵』. 동인지 『열한 개의 페르소나』 외 다수. 문파 문학상 수상. 한국시인협회 회원. 문파 편집위원.서양화 개인전2회(자카르타 한국문화원, Ahmad Al Adwani Hall Kuwait). 한국·인도네시아 현대미술교류전, 양평현대목판화와 드로잉전 외 다수.

참을 수 없는

통음

소녀, 분홍빛 기타

신발이 자꾸 벗겨졌다

모르는 일

참을 수 없는

어떤 감정이 공허한 하늘을 덮었다

손톱만 한 붉은 얼굴들
건드리기만 해도 흘러나올 것 같아

붉은 볼이 손끝에 닿는 느낌은, 말하자면 어떤 극한점을 경험하는 일 같아
거기까지 가는 길
거기까지 가는 이유도 모른 채
걷다가 넘어지다가 일어서서 되돌아 나오다가
다시,

붉은 것들이 폭죽 터지듯 내 속에서 터지기 시작하더니
아무도 모르게 눌려있던 고백들이 감당할 수 없이 차오른다

끝없는 얼굴

울컥울컥 울음 매달고 있는 문장
익어가는 눈물

저 붉어진 보리수의 무게를 두 손으로 받쳐 들고 있는 동안
까맣게 말라가던 말들, 마당 한구석에 몰려 꿈틀거린다

통음通音

소리는 없었다

대각선으로 가로질러 오던 아우성

소파 한 귀퉁이를 자르며 밀고 들어온다 무수한 당신이 밀려온다

아몬드 페페 잎들 사라지고 상앗빛 블라인드는 투명해졌어

바닥이 소리 없이 들끓는다

소리 없이 사라지는 사물들

몸 통과하는 포물선

다가오는 것들은 어제도 오늘도 말이 없어

어느 오후의 빗줄기 속에서 불현듯 꿈틀거리는 슬픔의 뿌리가 그랬어

세이지 블루, 하얀 방에 젖어있는 어릿한 목록들을 지우고

나를 지운다

아마도 여기가,

소녀, 분홍빛 기타
- 소녀는 소녀를 부른다

빛처럼 흩어지는 손가락

팔꿈치에서 손목까지의 모호한 끌림

완성되지 않을 문장으로의 돌입

투명한 뼈 사이로 부드러운 듯 거친 음색이
투명한 듯 불투명한 시간이
숨처럼 새어 나온다

늘 혼자였던 연한 이파리들의 울음소리
몇 겹으로 흔들리는 저녁
기타 줄 튕기는 우윳빛 팔목과 팔목 사이 바람이 분다

팔목에 감겨 흩날리는 연분홍 꽃잎은,
바닥으로 번지는 낮은 음은,
심연까지 끌어 올리고,

목이 쉬도록
소녀는 노래를 멈추지 못한다
몸속에 흐르는 웅성임을 어쩌지 못하고

어둡고 불안한 먹빛 음률 고여 있는
태어나기 전의, 작은 웅덩이에 몸 접어 눕는다

신발이 자꾸 벗겨졌다

매장에 걸린 옷들이 흔들거리고 있어 거기서 마주치게 될 줄 몰랐지 대리석 바닥을 깰 듯이 걸어오고 있는 그 무리들 선물로 받았다는 가방이 백화점 한쪽 귀퉁이에서 다시 들썩거리자 거짓말처럼 짧은 스커트와 명품백이 돌고 비정상적으로 굵은 종아리와 눈빛이 섞여 돌고 돈다 공기는 점점 습해지고

우리는 겉돌고, 우리의 얼굴은 팽창하고 있어

누군가 등을 밀어낸다

식당으로 떠밀리듯 내려가 회오리 오므라이스를 주문하고 MZ들이 말하는 대로 나무젓가락을 세로로 세워 한쪽으로 비트는데 회오리는 언제나 뇌우를 동반한다는 기상학자의 말이 생각났어 왼쪽 주머니에서 쪼그라든 심장을 꺼내 들고 흰밥 위 회오리바람을 견디며 걷고 있는데 신발이 자꾸 벗겨졌다

망가진 의자들이 엉킨 실타래처럼 쌓인 거기를 지나는데

모르는 일

　세탁 바구니에 뒤집어 논 양말을 보면 나도 뒤집혀 안은 밖이 되고 밖은 안이 되지 다시 뒤집으면 안인지 밖인지 모를 말들이 모래알처럼 떨어진다 문밖의 말과 몸 안의 말들이 수시로 뒤바뀌며 낸 자국들 뒤틀려버린 실오라기 그 길이만 한 모순 살이 다 비치는 엄지발가락의 오래된 습성들 한쪽으로 심하게 기울어진 발바닥 문턱을 넘나들었던 발들이 외면하고 문이 열리고 닫힐 때마다 들락거리던 공기는 온데간데없다

　창과 방패 쏟아진다 혓바늘 쏟아지는 저녁
　수없이 많은 너와 너를 이어가며 비틀거린다

　아무것도 아니다
　지금 코끝으로 지나가는 프리지어의 저 색
　아무것도 아니다
　저 투명한 유리병은 이제 더 이상 투명하지 않아

　우리가 아직 모르는 일들

손끝을 타고 인쇄된
생각을 적는다

최정우

중앙대학교 예술대학원 졸업. 『한국문인』 시 부문 시인상 등단(2005년). 국제PEN한국본부 회원, 한국문인협회 회원, 문협60년사 편집위원, 동남문학회 회원, 수원시인협회 회원. 저서 : 공저 『시간 속을 걸어가는 사람들』 외 다수.

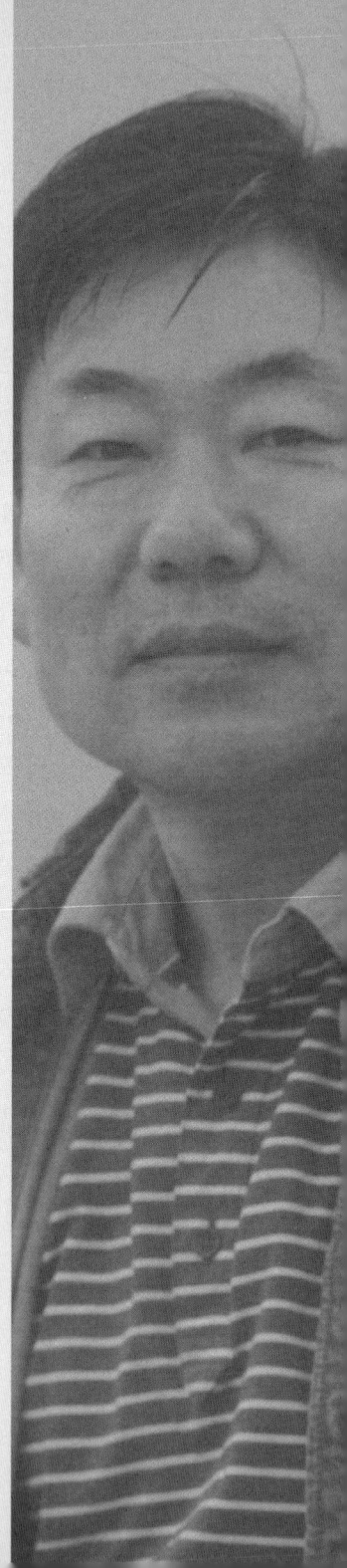

다가오는 오후

나비의 날개

다가오는 오후

눈이 희끗
머리에 앉는다

지나가는 것들과 머무르는 것들의 대화
잊은 듯한 바람이 분다
계절에 앉는다
바람이 차다

지나간 자리가 가지런히 편지를 쓴다
흔적을 지우고

바라보는
그림자가 잠시 바람에 흔들린다

길게
희미해진다

눈을 씻고
지금
바라보는 무엇

최정우

손끝을 타고 인쇄된
생각을 적는다

파란 공기가 눈이 부실 때
다가서서 오후를
지운다

나비의 날개

만지면 안 되는 나비의 날개
만지지 말 것

보기만 하고 절대 만지지 말 것

봄이 제일 먼저 온다는
빛 좋은 묘지 위에서 날개를 말리더라도
쫓지말고 절대 만지지 말 것

나비 날갯짓이 눈물 깊게 흩어진다고

봄이
노래하듯 들려주는 떨림
절대, 절대 만지지 말 것

비가 온다
나비의 날개에 부딪히는 빗방울

젖지 않는 나비의 날개

어제는 갔고 내일은 멀어
눈앞 지금만 보고 사는 땅강아지

김태실

2004년 『한국문인』 수필, 2010년 『문파문학』 시 등단, 한국문인협회, 한국수필가협회 회원, 계간 『문파』 이사, 편집위원, 한국가톨릭문인협회, 한국여성문학인회, 수원문인회 이사, 동남문학회 고문. 수상: 제8회 한국문인상, 제34회 한국수필문학상, 제7회 월간문학상, 제8회 백봉문학상 대상. 저서: 시집 『눈물 값을 청구해야겠다』 『시간의 얼굴』 『그가 거기에』, 수필집 『밀랍 인형』 『기억의 숲』 『이 남자』 『그가 말 하네』.

땅강아지

노발리스의 정원

낫 2

설

어머니의 꽃밭

땅강아지

겨울 들판을 가로지르는 맹렬한 바람같이
허공을 날 수 없어 땅에 살아요

누구나 숨 놓으면 묻히는 곳
숨 쉬며 사는 내 거처에서
시간의 등줄기에 묻은 이야기 들어요

파릇하지 않았던 생명 없더군요
온몸 허물며 풀어내는 말
하나하나가 눈물겹네요
그래서 햇살 속 바깥을 그려 봅니다

어른이 되어도 변하지 않는 이름
어둔 흙이 터전인데 자꾸 바깥이 궁금해요
삶의 이야기 들리는 흙 속에서
삶의 이야기 만드는 흙 밖을 꿈꿉니다

어제는 갔고 내일은 멀어
눈앞 지금만 보고 사는 땅강아지
가끔 폴짝 날아오를 때 그 공기가 맛있어
낮은 허공도 하늘이라 믿어봅니다

김태실

노발리스의 정원

푸른 꽃을 손에 쥐었네
꽃잎 한 장 한 장 열어보며
신선함 속으로 걸어 들어가네
요절한 시인의 생애
평생 푸른 꽃과 북쪽과 해피엔딩을 썼네

이십팔 년 동안 세상을 노래한 스물여덟의 노발리스
그와 견주어 두 번 넘게 살았어도 목마른
이백오십 년 전 독일 사람 하인리히의 내면과
이백오십 년 후 한국 사람 김글라라의 정서가
같지 않다는 걸 실감하네

상상의 세계는 얼마나 넓고 높은지
동화가 소설이 되고 소설이 시가 되는 문학을 맛보네
우윳빛과 자색 빛이 합친 살갗을 생각할 수 없어
살구 한 알을 떠 올리네 달콤쌉쌀한 푸른 맛

하인리히의 푸른 꽃 앞에 서면 삶의 이편과 죽음의 저편을 바라볼 수 있네
 넘나들다가 살게 되는 꽃의 삶
 양심과 덕으로 마무리되는 한 생애를 보네
 내 삶도 해피엔딩을 향해 가고 있네

낫 2

대장간 천도 화로에서
심장 달군 한 덩이 불
수천 번 살殺을 베어낼 것이니
고해성사라도 하라는 것일까
수백 번 두들겨 맞는다

칼날이 서로 검게 탄 흔적 위로
나설 자리에만 나서겠다고
겸손하게 누워있다

중추 무렵 조선낫의 외출
잡초와 칡덩굴을 베어내고
또다시 침묵에 든다

낫 날 비추는 차가운 달빛
시간에 밀려 버려진 듯 잊히지만
가슴에 남은 온기로 숨 쉬는 생

설

부모를 찾을 수 없다
부모란 부모는 모두 떠난다
너의 부모도
나의 부모도
어떻게 그토록
가는 방향이 같을 수 있을까
나도 부모 되었으니 그 길 가겠지

보고 싶다, 부모님
달려가 이야기 나누고
친정 손맛으로 배부르고 싶다

한 그루 나무에 묻힌 유골 한 줌
눈물 솟는 날
바람 속 아이처럼 운다
기다리고 기다려도 없는 답장
흐르는 눈물이 답이다

어머니의 꽃밭

저도 한때 맑은 웃음을 머금은
꽃잎 같은 적 있었나요
아침햇살에 살포시 눈뜨는 장미
줄지어 핀 색깔의 향연

고운 빛 담벼락을 수놓고
마당에는 온갖 꽃들이 시시 때때 피고피고 지고
대문을 드나들며 하늘거리는 꽃밭을 즐겨 보았지요
어머니 손길에 화답하는 꽃들의 수런거림
눈으로 보고 귀로 들었어요

꽃을 가꾸듯 매만져 키운 자식
한 남자 만나 훌쩍 떠나고 난 뒤
어머니는 여전히 꽃밭 다듬고 있었습니다
친정 다니러 갈 때면 작년보다 더 풍성한 웃음이
가득했었으니까요

당신 떠나고 난 뒤
가을도 아닌데 꽃은 지고 저도 시듭니다
다시는 웃음 가득한 때로 돌아가지 못하는
목마른 시간

김태실

붉은 눈물 터뜨리며 기울어가는 해
누렇게 번쩍이는 금빛 태양 떠오를 때까지
낙타는 겹겹의 산을 잔뜩 짊어지고 땀을 마신다

박서양

서울 출생. 카톨릭 대학교 국어국문학과 졸업. 계간 『문파』
시부문 신인상 당선 등단. 문파문학회 상임이사, 호수문학회
회장 역임. 저서 : 시집 『리허설』.

두 고개
황금 수저
한밤의 시작법
숟가락을 얹는다
화이트 아웃

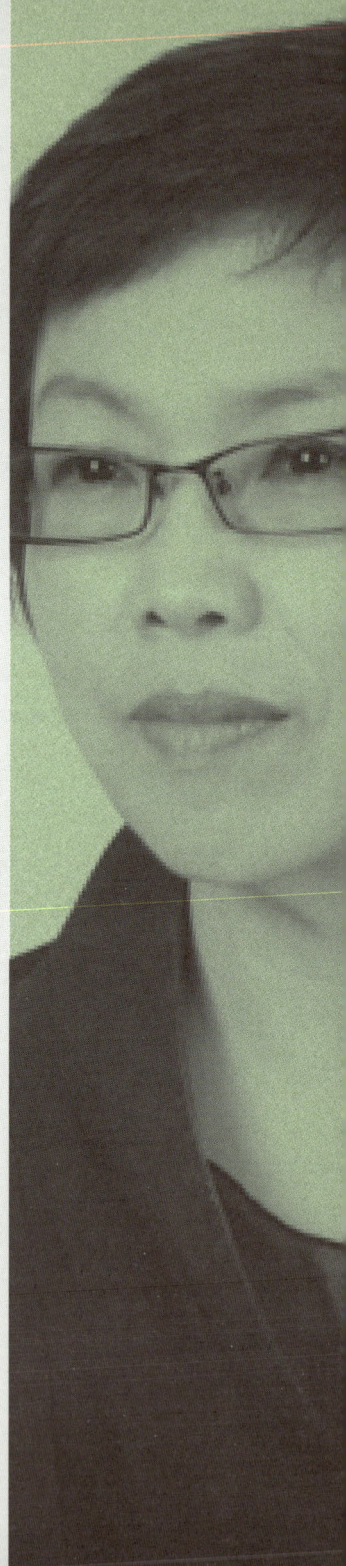

두 고개

선상 뷔페 배 안에서 스파게티 포크에 돌돌 말아 우물거리며
두바이 바닷가 휘황찬란한 야경을 홀린 듯 바라본다
과하게 번득이는 불빛들
모래사막에서 뿜어나온 검은 황금을 뒤집어쓴 나라
낙타가 산을 짊어지고 걸어가고 있다
사막의 짐꾼이 사람 태우는 알바를 한다
울퉁불퉁 넓은 등짝이 얼마나 아늑한지
앞뒤로 두 사람 태우고 모래밭 어슬렁거린다
고단함에 휘청거리는 낙타는
앞다리 꺾어 등에 태운 분노를
모랫바다 위에 짐짝처럼 부린다
붉은 눈물 터뜨리며 기울어가는 해
누렇게 번쩍이는 금빛 태양 떠오를 때까지
낙타는 겹겹의 산을 잔뜩 짊어지고 땀을 마신다

박서양

황금 수저

하늘을 찌를 듯 치솟은 호텔들의 화려한 자태
비명 같은 탄성을 터뜨리게 하는 휘황찬란한 도시가
검은 황금 돈벼락에 휘청이는 아랍인들
멈출 줄 모르는 탐욕을 부추긴다
천장과 벽 실내를 온통 황금 범벅 도배를 한 호텔카페에서
금가루 휘핑크림 황금비율 커피 한 잔에
금가루 반죽으로 구워낸 케이크 한 조각을
노동자 한 달 봉급을 한순간 목뒤로 넘기는 사람들
그들은 전생에 아라비아 왕족이었을까
으쓱거리며 들썩이는 오만이 어깨 위에서 춤춘다
호텔들이 양옆으로 빽빽이 들어선 도로 위를
해질녘 어스름 뚫고 퇴근 버스가 지나간다
창살 없는 죄수 호송차를 연상케 하는
회색빛 암울함을 투구처럼 뒤집어쓴 채
피곤함에 절어 늘어진 영혼들, 꿈을 꾼다
다음 생에는 금수저 물고 태어날 거야 당당하게
차량이 조금조금 움직일 때마다
달콤한 꿈이 끄덕거린다

한밤의 시작법

한밤중 절박한 통증이 나를 흔들어 깨운다
토막이 난 토끼잠 사이 틈새의 반란
벌떡 일어나 몸을 세운다
오른쪽 종아리 근육 뒷부분에서 시작된 반란
어금니 꽈악 깨물고 체중을 바닥으로 내리깔며 저항한다
주리를 틀 듯 발광하는 기세를 바닥 힘껏 딛고
꺾어 보려 하지만
꿈쩍하지도 않는 폭도
뻣뻣한 두 다리 간신히 목욕탕으로 끌고 가
온수 꼭지 최고치 돌려 물세례로 구슬려 보고
성난 근육 주물럭주물럭 어르고 달래본다
한밤중 된서리에 번쩍 깨어난 잠
짤깍짤깍 거침없이 시간이 흐르고
언어에 쥐가 날 때
땀방울로 풀어낸
한밤의 시작법

숟가락을 얹는다

하루를 숟가락으로 퍼낸다면
얼마만큼 퍼낼 수 있을까
푸르스름 나른하게 처지는 아침은 티스푼 하나
열정으로 붉어진 날개 퍼덕거리는 대낮은 듬뿍
온종일 시달림에 곤하게 휘감기는 하루 피로
저녁 시간은 티스푼 반만으로 족하다
불면 다짐하는 밤이 다가서면
하루에 얹혀있던 숟가락이 밤을
얼마큼 퍼서 내 입에 넣어줄까
내 입은 양 입술 근육에 잔뜩 힘주어
소통의 문 꽈악 닫아버린다

화이트 아웃

간밤에 펑펑 함박눈이 내렸다
해물파전 곁들인 막걸리 한 사발 널름 비우니
느슨해진 뇌세포 망 흐느적거리고
어디가 어딘지 어디로 가야 하는지
하늘과 땅 사이 지평선도 사라지고
땅인지 하늘인지 구별 못 해
머릿속이 온통 하얘졌다
발렌타인 17년산 작은 샷 두어 잔에
비틀거리는 작은 우주
거센 바람 몰고 온 눈 폭풍에 휘말려
방향 잃고 허우적허우적 헤매고 있는데, 갑자기
하얗게 쌓인 눈밭이 벌떡 몸 일으키는 바람에
맞짱 뜨려 철퍼덕 엎어졌는데
갈비뼈 한 점 금 가지 않게
숨은 상처 구메구메 얼싸안은
시퍼런 멍 자국
밤새도록 하얀 눈이 주저 없이 펑펑
쌓이고 또 쌓였다

바짝 세운 가시에 향기 돌고
가뭇하게 맺힌 노란 돌기에
꽃 내음 묻어나던

전옥수

2008년 계간 『문파』 등단. 수원문인협회, 경기한국수필가 협회 회원. 수상: 호미문학대전 수필공모 수상, 경기수필 공모 수상(2017), 경기수필 작품상 수상(2022), 문파문학상 수상(2023). 저서: 시집 『통증을 세단하다』 『나에게 그는』, 공저 『동그라미에 갇히다』 외.

멍

초록 별 뜨다

세탁소 남자

시를 펼치다

가시 꽃

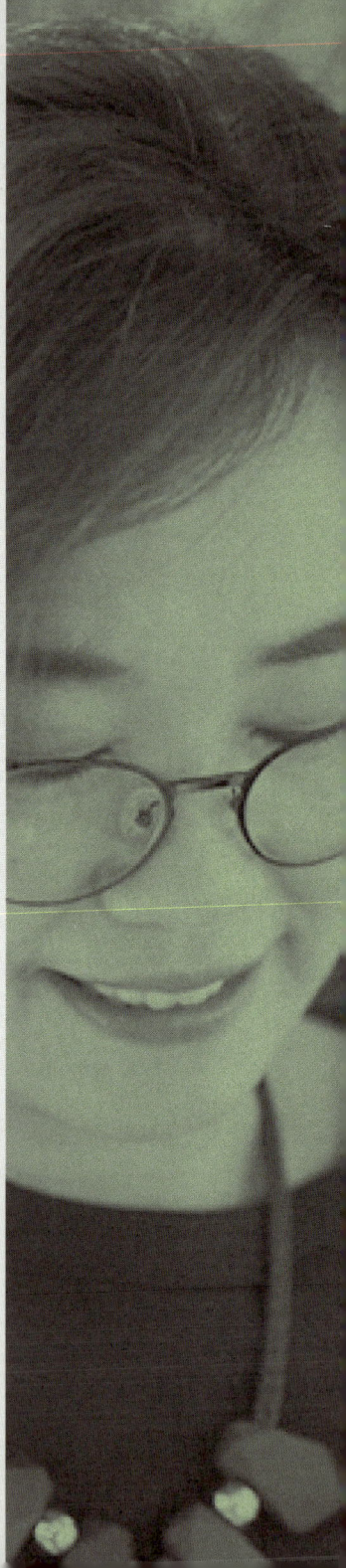

멍

미끄러져 헛디딘 어미의 발끝
아찔한 찰나
휘청거리다 무너져버린 젊은 우주
철벽 치듯 온몸으로 집 한 채 짓는다
어미 본능으로 지어진 성근 요람
옅은 신음 삼키며 절뚝이며 지탱하는데
흔들림 없이 새근거리는 품속 아기
어미 가슴 여전히 콩닥거리고
쓰라린 자국마다 선혈 낭자 되어
저릿한 눈물 바람 시리게 흩어진다
어미의 투혼으로 해맑은 아기
밤새 싸락눈 뿌려대는 계절
여기저기 욱신거리며 짓누르는 통증
듬성듬성 피워낸 성근 꽃 잔치
팔뚝에도 정강이에도 보랏빛 꽃 만발이다

초록 별 뜨다

그늘진 베란다 구석
빈 토분 하나 지루한 하품 토한다
봄 태동에 끌려
모종 두어 포기 사다 빈자리 채운다
살랑대던 봄바람 창틈 밀고 들어와
어린 고춧대 허리 흔들자
부러질까 넘어질까 안달이다
지지대에 기대어 웃자란 가지마다
보일 듯 숨은 듯
밥풀 같은 꽃잎들 배시시 웃더니
들며 날며 묻는 안부에
별들의 수다 조롱조롱 하다
별 드문 베란다에서
햇살 모으려 까치발 세웠을 겨움이
초록 별로 잉태되어 만삭 이룬
순산을 기원하는 기도 소리
더없이 푸르고 무성하다

세탁소 남자

더러운 죄 사하려는 자비가
기계 속에서 둥글게 돌아가고
찌든 탐욕은 독한 화학 약품에 녹아
몽글몽글 땀방울로 맺힌다
쿨럭이는 잔기침은 갈피마다 숨기고
구겨지고 삐뚤어진 삶의 얼룩들
반듯하게 다림질하며 다독이듯
날마다 고해하며 성호 긋는 남자
상가 구석진 작은 흡연실
쪼그리고 앉아 꺼내든 위로 한 개비
충혈된 시간 펼쳐 마름질하며
하늘 향해 자욱한 가슴 내 뿜는다
오래된 상가에 달라붙은 녹슨 허기가
담배 연기처럼 찌뿌듯한 오후
땀에 젖은 남자의 하루가
가는 철사 옷걸이에 걸터앉는다

전옥수

詩를 펼치다

철원에 들어서면
산보다 무성한 詩集 한 권 서 있다
무성한 시어들이 펼쳐진 한탄강 어귀
한 소절 한 소절 바람의 음률로
갓길에 멈춰 선 시선들이 詩를 읊는다
마당바위
달빛 강가 은빛 여울
푸른 솔 풍경 속으로 배따라기
함박눈 섬 바라기 석등 민박
금빛 노을 통나무 폭포 이야기
번지 점프를 하다
함축된 詩語들이 캔버스가 되고
옅은 감성 불어와 붓끝 나래 펼치는
펜션 카페 식당 간판들이 모여 詩를 짓는다

가시 꽃

　가끔 눈빛과 언어에서 살기가 느껴지고 스치듯 닿은 인연으로 삼켜야 했던 미움이 덧나 옴처럼 하얗게 밤을 긁었지 멀어지는 방법을 궁리하다 속내가 궁금했어 한파가 불쑥 찾아온 날 고저스 플라워 농장에 즐비하게 나부끼는 가시의 군상들과 대면했지

　두려웠어 무서운 낯빛에 도사린 가시를 향해 허리를 굽혔어 날카로운 조준에 눈과 귀를 열었지 아주 어렸을 적 저 멀리 광활한 사막의 모래바람과 사투해야 했고 오늘처럼 매서운 추위가 오면 안간힘으로 햇살을 모아야 했다던 살아내기 위해 곤두서야만 했던 선인장

　눈가에 바늘 같은 물기 서리고 금방 깎은 연필 촉처럼 반들거리던 심이 유연해졌어 바짝 세운 가시에 향기 돌고 가뭇하게 맺힌 노란 돌기에 꽃 내음 묻어나던
　가시는 꽃이였어

전옥수

높디높은 밤 별이
빙글빙글 돌아간다

양숙영

2009년 계간 『문파』 시 부문 등단. 한국문협70년사 편찬위원, 국제PEN한국본부 회원, 문파문학회 이사. 고양문인협회 이사 역임. 저서 : 시집 『그리움의 크기』 『는개』. 수상 : 제4회 배기정 문학상.

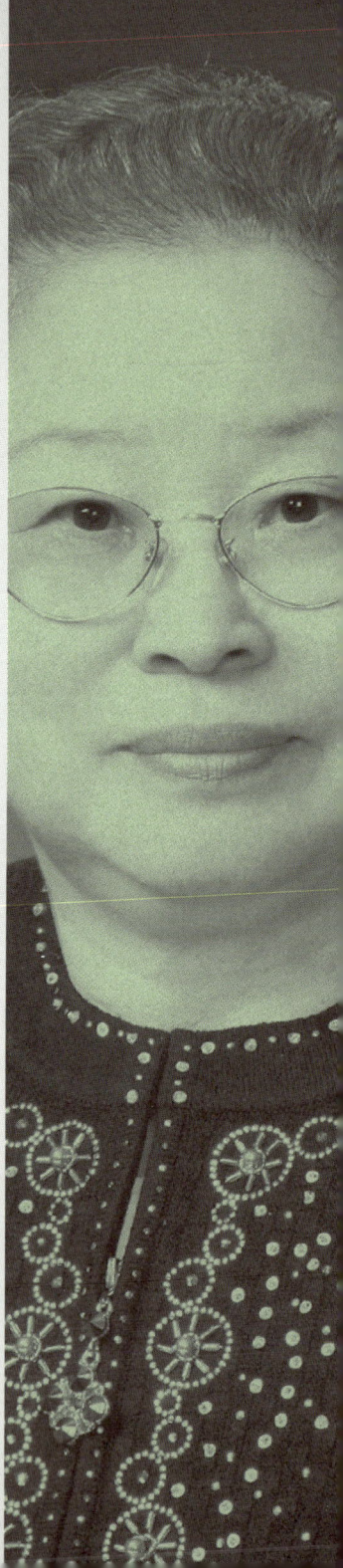

달무리

밤꽃 향기

쇠똥구리

징검다리

커피 한잔

달무리

타다 남은 모닥불
사위어 가는데
지나가는 구름인 양
소리 없이
틈새 뚫고

가슴팍에 꽂힌 가시 바늘
아린 가슴 부비며

잊으려 잊으려 애쓰지만
머언 발치에
그림자 지나는 바람
숨어서 바라보는 달무리

양숙영

밤꽃 향기

고갯마루 작은 초막 앞뜰에 멍석 깔고
별을 보고 누웠다
숭숭 구멍 뚫린 옆구리
옛 그리움 들락거리고
밤눈조차 어두워 분별도 못 하는데
밤꽃 향기 곁에 와 기척을 한다
막걸리 두어 잔 취기가 붉어지고
더더욱 밤꽃 향기 허리춤 꽉 잡고
놓지를 않네

높디높은 밤 별이
빙글빙글 돌아간다

쇠똥구리

어둠이 내리는 언덕배기 풀숲에
쇠똥구리 한 마리
제 몸에 서너 배 넘는 쇠똥을 둥글게 말아
있는 힘 다해 뒷발로 밀며 올라간다

연탄 가득 실은 리어카 밀고 가는 아버지처럼
땀이 흐른다

어디쯤 가고 있을까
한참 만에 십 미터는 더 올라간 언덕에서
아직도 쇠똥 구슬 굴리며 올라가는
쇠똥구리

징검다리

작은 마을에
앵두 빛 노을이 가득한 때면
나는 여울 길을 지나
졸졸거리는 시냇물에
징검다리를 놓기 시작합니다

내 꿈을 안고 오는 이 기다리는
징검다리를
나는 하얗고 예쁜 돌멩이만을 골라
물 위에 놓고
흔들릴까 두려워
가만히 발을 놓아 봅니다

이렇게
그대 향하여
마냥 아름다운 노래랑 꿈이랑 엮으며
징검다리를 놓아 갑니다

커피 한 잔

가을이 붉게 내려앉은 저녁
밀물처럼 밀려드는 사념
옷자락 스친 짧은 인연이었나
커피 한 잔의 향기

주고받는 말없이
앞에 놓인 커피잔만 한참을 바라보다가
고개 들어 눈 마주치고 서로 미소 지었다
사랑이었다

세월 지나 백발 되었어도
커피 한 잔 속에 녹아든 사랑을
지금도
창가에 앉아 마시고 있다

떠나간 너와
떠나야 할 내가 흔들린다
이만큼의 거리에서
누가 더 사랑했을까

유 정

본명 박경옥. 2008년 계간 『문파』 등단. 한국문인협회, 수원문인협회, 경기시인협회, 동서문학회, 한국가톨릭문인협회 회원, 계간 『문파』 편집위원. 2025년 문파문학상 수상. 저서 : 시집 『바람의 문장』, 수필집 『발자국마다 봄』, 공저 『그리움만은 어쩌지 못해』 외 다수.

헌 집

유월

시월의 숲에서

단풍나무, 그늘

연서

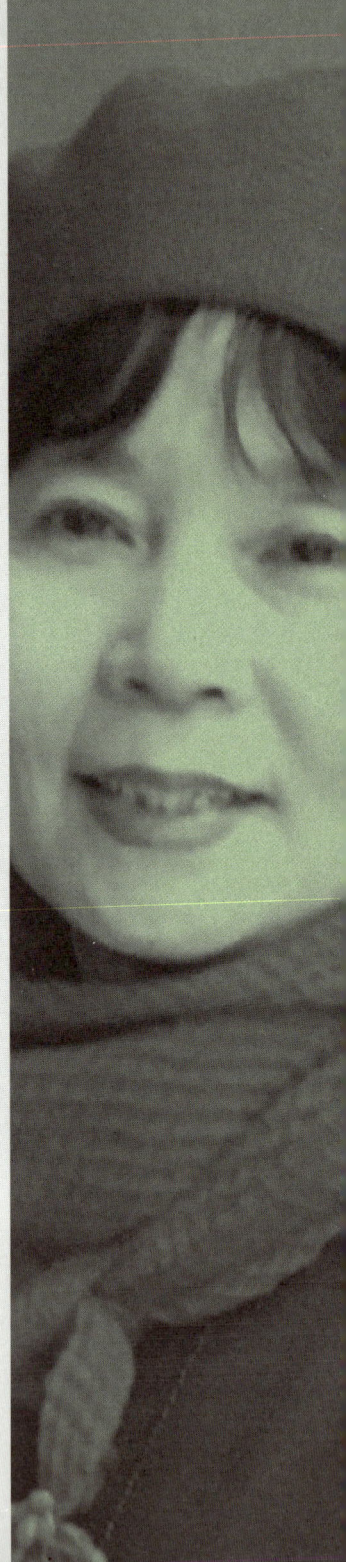

헌 집

볕은 따사롭지만 지붕의 어깨가 살짝 기울었어요
갈라진 벽, 틈 사이로 샛바람이 들락거려요
늦가을 들녘의 억새풀처럼 몸을 자주 눕혀요

미닫이문을 밀자 삐그덕 소리가 옹색해요
마루 끝에 덧댄 나무판자 하나가 빠져 있어요
문지방이 저리 닳을 때까지 계절은 몇 번이나
오고 갔을까요 만났다 헤어졌다 돌아서기를

폭염도 한파도 끄떡없이 받아내던 시절엔
이별도 봄날의 꽃잎처럼 아름다웠을 텐데요
낡아간다는 건 사소한 이별조차 서러워지는 것,
문패에 새긴 이름이 희미해요 지나간 첫사랑처럼

수선한다고 새집이 되는 건 아니지만
온몸 쓸고 닦고 꽃 벽지로 도배도 해보고
마당에 라일락 한 그루 향기로 심어놓으면
저물어가는 집에도 새들이 날아올까요

비가 오려나 봐요
오랜 시간 건너온 관절의 슬픔이

유정

헐거워진 마디마다 욱신거려요

차라리 두꺼비에게
헌 집 내어주고 새집 달라 빌어볼까요

유월

앳된 봄이 감자꽃을 두고 갔다
하얀 꽃 자주 꽃을 대지에 놓고 갔다
그렁그렁한 새끼들을 땅속 둥지에 키우는
노란 꽃술로 유월이 감자꽃 속에 숨어있다
유월은
사랑한다는 말이 성큼 와닿지 않는 거리에 있다
보일 듯 말 듯 꽃인 듯 아닌 듯 소박한 감자꽃처럼
그가 떠난 자리에 하얀 구름으로 고요하게 떠 있다
유월이
햇살 더워지는 오후 심심한 바람을 곁에 두고
포슬포슬한 분가루를 바른 수미 감자처럼
무량한 웃음을 건네주며 자주 꽃으로 피어 있다
유월 속에
떠나간 너와 떠나야 할 내가 흔들린다
이만큼의 거리에서 누가 더 사랑했을까

시월의 숲에서

비가 내렸다
젖은 숲 한 귀퉁이에 이파리들 모여 몸 부비고 있다
빛바래 뒹구는 밤송이들 까칠한 가시를 물고
찬바람에 잔뜩 어깨를 움츠리고 있는,
지난여름은 이제 납작 엎드린 채
수풀 속에 버려졌다
길다고 지루하다고 투덜대던 뜨거운
말들도 함께 묻혔다

물오르고 꽃이 피고 씨앗이 되었다가
스러지는 우리들의 시간이 발자국처럼 찍힌 숲,
하늘을 본다 잊고 있던 것들이 울컥 재장구쳐 오는
파랑의 하늘에 누군가는
연서를 쓰고 그리워 눈물짓고 그러다 조금
더 쓸쓸해지고
도토리는 떨어져 어딘가에 있을
제 무덤을 찾아 굴러가겠지

햇볕 한 자락 가지 사이 기울어져 걸어오고
모여 앉은 이파리들 서늘바람에 바사삭
몸을 말리고 있는 시월의 숲,
그곳에 서서
오던 길 뒤돌아보는 한 사람

단풍나무, 그늘

오래된 단풍나무의 그늘은 깊고 서늘했다
그 사이로 성성한 바람이 드나들었다
한여름 매미의 울음소리도 식구처럼 살았다

참새들이 투명한 소리로 아침을 열면 그늘은
시나브로 짙푸른 치마를 펼쳐냈다 이따금씩
동박새와 노랑때까치도 찾아와 가지를 두드리면
아직 설익은 단풍잎이 노랑 깃털처럼 흔들렸다

한낮의 해가 차츰 기울어 빛을 잃을 때쯤
그늘은 늙은 발자국들을 나무 아래로 불러들였다
일생을 바쳐 길러낸 자식들도 모르는 허무를
닳고 닳아 실핏줄이 되어버린 연골의 까무룩 소리를
바람의 입술로 다 받아 마셨다

지난한 저녁의 이야기들이 앉았다 간 방향으로
단풍나무 눈가는 점점 더 붉어지고
그늘의 주름도 더 깊어져 저녁 속으로 지워졌다
둥근 의자 틈새로 홀로 핀 맨드라미
닭 볏보다 더 붉어지고 있었다

유정

연서

봄은 오고 봄 등에 올라앉은
꽃잎들이 온통 신열처럼 피어오른다
홍매화 백매화가 수줍게 다녀가고
목련꽃 청초히 피었다 싶었는데 돌아보니
발아래 시름처럼 떨군 잎이 앙상하다
오래 머물 수 없는 생生이라서
한순간을 그리 환하게 백옥처럼 눈부셨을까

누군가는 오고 누군가는 떠나는 사월
세상 온통 벚꽃잎으로 하얗게 물들던 날
돌연 그가 떠나갔다 관식이*처럼
햇살보다 더 환하게 웃던 커다란 눈망울
그 속에 갇혀버려 살아갈 수 있을까
남겨진 그녀,

이제 또다시 봄은 돌아와
담장가 백목련 하얗게 피었다 지고
하르르 하르르
벚꽃잎 눈꽃처럼 휘날릴 무렵이면
국립묘지 현충원 꽃길로 찾아가겠지
휘휘 늘어진 벚나무 꽃그늘에 앉아

젖은 눈가 훔치며 아득히 먼 하늘에
그리움 가득 담은 연서 한 장 띄우겠지
'살민 살아진다' 되뇌면서

---
* 관식이 : 드라마 〈폭삭 속았수다〉 주인공 남편.

푸른 하늘보다
더 맑고 투명한 그들의 웃음소리
하늘 가득 울려 퍼지는 오후

탁현미

계간 『문파』 시 부문 등단. 한국문인협회원, 시계문학,
문파문학회장 역임. 저서 : 공저 『너의 모양 그대로 꽃 피어
라』 외 다수.

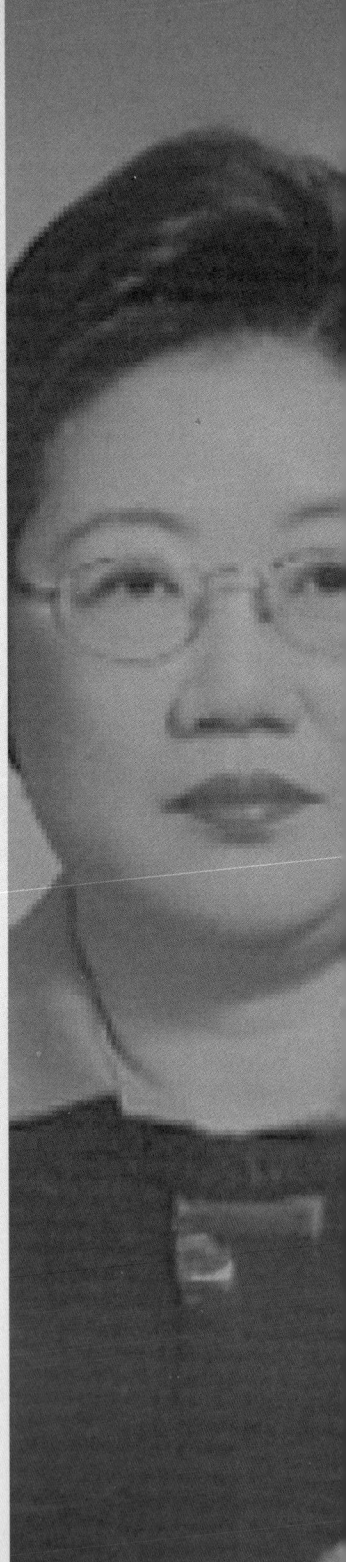

불꽃

달리고, 달리는 아이

그 길 위에는

눈 내리는 고요한 아침에

웃음소리

불꽃

조그만 동굴 속
수십 개의 촛불이
기도하듯 일렁이고 있다
마치 먼 옛날
어두운 골방에 모여
숨죽여 기도하던 순교자들처럼

가슴속에 작은 불씨 하나 품고
가도 가도 끝이 보이지 않는
넓은 중국 땅
눈보라를 헤치고 물길을 건너
열병에 시달리며
걷고 또 걸어 온 청년

그 작은 불씨는
강한 들불이 되어
그 어떤 억압도 짓밟음도 굴하지 않고
침묵 속에 멀리멀리 번져나가
순교의 뜨거운 불꽃이 되어
고요한 촛불 속에
녹아내리고 있다

탁현미

달리고, 달리는 아이

민들레 하얀 홀씨들이 분분히 날리는
주택가 좁은 골목길
노란 꽃무늬 원피스 입은 작은 아이
두 팔 벌리고 소리 지르며
뒤뚱뒤뚱 걷는다

호기심 가득 찬 눈빛으로
이곳저곳 기웃기웃
골목에 울려 퍼지는
해맑은 웃음소리

작은 빨간 운동화
넘어질 듯 달리고 달린다
세상의 혼돈 속으로

그 길 위에는

완만하게 놓인 십여 개의 나무 계단
그 끝자락에 봄이면 붉은 꽃 피는 철쭉
그곳엔 내 심장 한 조각 물고 간
네가 영원히 잠들어 있다

벗 꽃잎이 눈처럼 휘날리던 날
내 곁을 찾아온 작은 생명
곰실곰실 비칠비칠 걷던 모습
저절로 웃음이 나오고 말을 걸게 했지
외로움도 활화산 같은 분노도
너의 작은 몸짓과 침묵으로 위로받고
이 길 저 길을 기웃거리면 걷던 너

어느 추운 초봄에 혈소판 감소로
힘겹게 곁에 머물렀던 사 년이란 세월
한없이 맑은 하늘 잔잔한 바람이 불던 초가을
친구 만난다며, 일찍 온다는 말 한마디 남기고 떠나는
내 뒷모습 힘없이 쳐다보던 맑은 눈
끝내 너의 마지막을 지켜 주지 못한 미안함
떨어져 나간 심장 한구석, 눈시울을 뜨겁게 한다.

그 길 위에 쌓인 그리움은 언제나
멀어졌다 다시 돌아오는
부메랑

탁현미

눈 내리는 고요한 아침에

간밤에 내린 눈으로
힘겹게 늘어져 있는
가녀린 단풍나무 가지들
그 아래 소리도 없이 놓여있는
두 대의 구급차와 경찰차

방한모 쓰고 긴 빗자루 들고 서 있는 경비원

정지 화면 누른 듯 움직임이 없는
왠지 외롭고 쓸쓸한 아침 풍경이다

언제 어떻게 소리도 없이
따뜻한 차 한 잔 마시고
내다본 창밖에는
사라진 구급차와
무수히 찍힌 발자국 위로
나풀거리며 내리는 눈 뿐

몇 층의 누구를 위한 구급차인지
아무도 모른다
신변 보호를 위한 침묵
하염없이 발자국 지우는
눈은 알고 있을까

웃음소리

고요한 주택가 작은 놀이터
손자 손녀의 손을 잡고 간다
아이들이 뛰어놀고 있다

일곱 살 사내아이
축구공 헛발질하며
배를 부여잡고 웃는다
여섯 살 계집아이
그네 위에서 두발 흔들며
콧노래 부르며 웃고
긴 구부러진 미끄럼틀 위
네 살 계집아이 두 손 흔들며
허스키한 목소리로 소리 지르고
유모차 속 한 살 된 사내아이
엉덩이 들썩이며
손뼉 치며 웃는다

푸른 하늘보다
더 맑고 투명한 그들의 웃음소리
하늘 가득 울려 퍼지는 오후

탁현미

비상의 깃, 날개옷
빨랫줄에 그네 타고
분홍 걸음, 봄날의 숨결
창살 틈에 움튼다

엄영란

문학박사, 계간 『문파문학』 2010년 시·수필 부문 신인상 당선 등단. 문파문학이사, 계간 『문파문학』 편집위원, 한국문인협회 문학지육성교류위원회 위원, 한국수필가협회이사. 한국여성문학인회이사, 국제 PEN 클럽한국본부회원, 한국세계문학협회부회장, 문학의 집·서울 회원. 저서 : 시집 『그렇게 살아가기』『그리움, 이유』, 공저:『문파 대표시선』『김남조 시 연구』 외 다수. 동요 「무지개마을」 외 다수 작사.

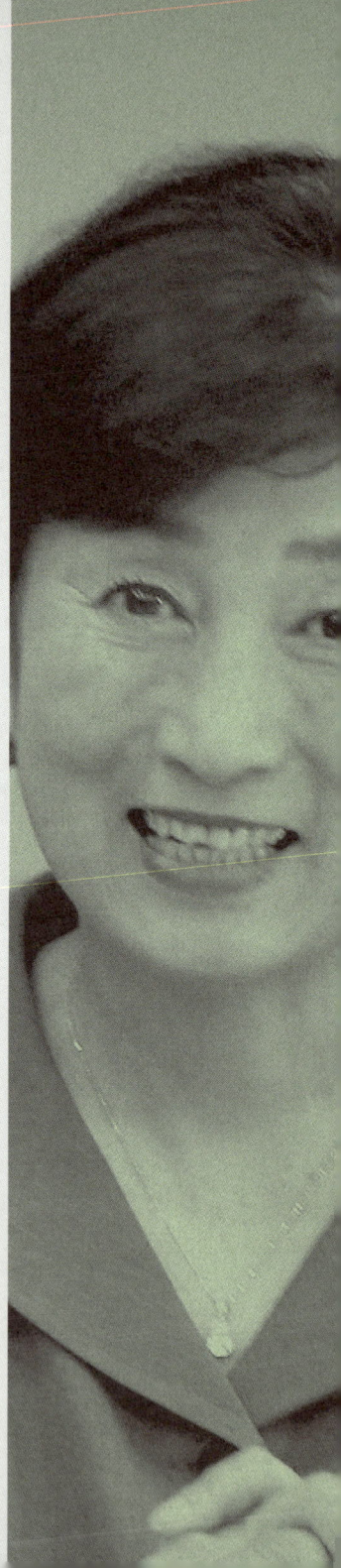

달빛 음보

리본 단 화분

새해 아침

가시나무 새

심는 삶

달빛 음보

달이 수은등 건너 소나무에 걸렸다
솔가지 오선지, 온음으로 쓴 악보
네모난 원고지에 문자 놀이 한다

한 바퀴
또 한 바퀴
돌아봐도 악보는 미완성
바람에 실려
라단조 음으로
젖어 가는 밤
잠시 멈춘 숨결 사이

물우물 달이
불쑥 솟아올라 등을 닦고
솔잎의 손사래 장조의 빛으로 소야곡 연주한다

온몸
선율 타고 달에 든다

리본 단 화분

빨래는 제 몸 같아
허물 벗는 소리, 싱그럽다

창살 넘어 햇살 거실 속 화분들 들여다본다
저마다 애기 꽃
살포시 얼굴 내민다

가슴에 리본 단
갓 결혼한 분홍 화분
섣달 엄동에 꽃대 길게 올려
화장한 새하얀 신부 꽃이
밤 골목길에 등불처럼 웃는다

탈탈 도는 기계음
버려져야 할 것들 사이
꽃잎은 나풀나풀
햇살을 안아
몸 깊숙이 결 고른다

비상의 깃, 날개옷
빨랫줄에 그네 타고

분홍 걸음, 봄날의 숨결
창살 틈에 움튼다

새해 아침

아, 아, 앙-
둥근 아가 울음소리
새해 솟아오른다

튼튼히 자라거라
전설이 된 할머니의 기원
백설기 위에 피어난 100일
찰나의 광선이
왕관처럼 머리 위로 번진다

아가야
두루두루 품에 안기고
풍요로이 자라거라

만인의 묵언 기도처럼
하얀 진상미 고봉밥에
미역국은 반짝이며 바다를 채우고
사색 나물과 오색 잡채도 올려지고
황금 배, 붉은 능금, 탐스러운 거봉
팥고물 수수경단 비비적
둥글게 탑을 쌓는다

새해 아침
100일 맞은 아가야
천지를 밝히는 빛처럼
살아가거라

실타래에 묶인 각 나랏돈
화촉 위에 꽃 피우고

아, 아, 앙
둥글게 펼쳐지는 햇살

엄영란

가시나무 새

아카시 꽃망울 비밀스레 숭어리들
밀봉한 입술처럼
기다림에 문고리를 흔든다

꽃을 기다린 것은 우리뿐일까

하늘을 이고
공중에 휘영청 꽃동산만 한 나무
허공은 운동장이다

숭고하여라

알을 낳고 기르는 희망
서럽고도 강한, 어미 새
가시에 찔려 피가 맺혀도
부화할 새끼에게 아카시꽃 향기,
하얀 정원의 온기를 건넨다

뱀의 그림자 드리운 위태로운 가지 끝에서
온몸으로 새끼를 품어 안으며
혈맥으로 맺어진 엄마 마음 노래한다

지금

우리들은 어쩌면
말라붙은 뿌리처럼
모성의 따스함 닮지 못한
건조한 손길들이 아닌가

새는 아카시꽃을 좋아해
일찍이
검은 가시나무 위에 둥지 틀고
낳고 기르는 하늘의 본성

꽃잎 날릴 때
서툰 날개로 날아오르는 길
먹이 물고 들며 날며 가시에 찔려도
고고하여라

가지마다 돋친 가시
뽀얗게 피워 올린 꽃숭어리들
어미 몸, 상처 아물기도 전에
만개한 하얀 꽃숭어리 이불
어린 것들에게 펼쳐지는 축연 운동장이 된 허공

공중에 뜬 하얀 꽃동산 한가운데
낙원의 새 둥지

심는 삶

"호메이 모
심었다 보는 거지 뭐"
바람으로 하시던 어머니의 혼잣 말씀

'썼다가 보는 거지 뭐'
딸이 혼잣말로 자음모음 펼친다

지금은 최선
내일은 하늘의 것

인생이지 뭐

달아 달아 달님아!
비의 바람
달의 구름으로
그대 함께 살고 지고

김좌영

청주 출생. 2010년 계간 『문파』 등단. 한국문인협회, 국제PEN 한국본부, 용인한국문인협회, 문파문학회 회원. 저서 : 시집 『그땐 몰랐네』 『묻어둔 그리움』 『달빛 茶집』, 공저 『용인 문단지』 『문파대표시선』.

눈꽃 편지

초록빛 동산

대합실

달빛 차집

달님

눈꽃 편지

늘 그랬듯이 오늘도
점등하고 커튼 열어놓는다
한적한 내실 작은 창가
소나무에 소복이 쌓인 눈
무겁다고 쓸어내려 주던
그 하얀 그림자를 봅니다

그곳 별 그리다 공원에도
눈꽃 송이 피었겠지요
달과 바람 구름의 언덕
산새들의 낙원인 나무숲
가슴 시리도록 그립습니다

그대는 먼 타국他國 살이
나는 외로운 타향他鄉 살이
덧없이 세월만 흘러가네요

초록빛 동산

흔들흔들 덜컹 달구지 길
산모퉁이 돌아 외딴 소학교
녹슨 교문 잡초 속 운동장
슬픈 영화 마지막 장면처럼
허전하고 마음이 아리다

가슴의 추억이 허물어진
흙바람 구르는 텅 빈 교정
오랜 세월 홀로 지킴이
아름드리 포플러 서럽구나

되돌아갈 수 없는 산천
있는 듯 없는 내 고향
오는 듯 오지 않는 봄날
삶도 사랑도 다 그런 거지
그래, 모두 지우고 가자
잡은 핸들이 무척 힘겹다

대합실

첫눈이 내리는 간이역
플랫폼 불빛 외롭고
아무렇지 않은 듯이
그냥 멀어져가는 막차
또 한 페이지를 접는다

하얀 겨울의 그 흔적
낭만적인 환상일까
주어진 운명 같은 존재

울고 웃고 스쳐 가는
텅 빈 싸늘한 대합실
길손은 사색에 잠긴다

달빛 茶집

그저 무작정 걷고 싶어서
나선 남한강 정든 강변 길
외쳐 불러 보는 그 노래
뜨거운 눈물이 되어
스치는 눈바람에 어린다
하얀 발자국 찍고 들어선
고향 같은 달빛茶집
세한도 그림이 걸려있고
켜진 미등은 그대로인데
우린 어디도 보이지 않네요
창가 그 자리 주저앉아
살포시 놓고 간 커피잔
마음을 담아 마시는 추억
밀려오는 그리움 숨차고
강 건너 도회지 불빛 외롭다

달님

찌르찌르 찌르르르
고요가 흐르는 뜨락
아린 고독의 눈물
푸른 달빛에 서리고

사그락 사그락 사그락
깊어가는 가을밤
굳은 화석의 그리움
둥근 달을 품는다

달아 달아 달님아!
비의 바람
달의 구름으로
그대 함께 살고 지고

허허로운 마음에 위로를 건네는
농익은 홍시 빛 흩날리는 벚꽃잎
치맛자락 위 아양 떨며 떨어진 꽃잎
나풀나풀

김옥남

2010년 계간 『문파』 시 부문 신인상 당선 등단. 한국문인협회 저작권옹호 위원, 한국문인협회 용인지부 부회장, 문파문학회 이사, 시계문학회 회장 역임. 수상: 문파문학상 수상 (2025). 용인시 문인협회 공로상(2013), 경기도의회의장상 (2018), 용인시 시장 표창장 (2021). 저서: 시집 『그리움 한 잔』 2019 용인문화재단 문예진흥기금 수혜.

추상

1인용 의자의 설움

비 오는 날이면

지워지지 않는 드로잉

홍시빛 노을

추상 追想

소금꽃처럼 피어나 온 세상을 백지로 덮어 버리는
눈꽃 송이송이 떨어지는 벚꽃잎처럼
하얗게 내려앉고 있어요

명절 상에 올려진 두텁떡보다 더 두껍게
온 세상을 덮어버리고 있네요

홀린 듯 밖으로 나가 눈사람 하나 만들었지요
집 앞 공터에 세워두고 또 눈을 굴리고 굴리며
눈雪과 친구 하며 짝꿍도 만들었어요

눈 내리는 날을 좋아하던 사람
눈사람 만들던 공터엔 건물이 우뚝 솟았고
함께 뛰어놀던 골목길은 흔적 없이 사라졌어요

눈꽃 송이 타고 와 그리움을 키워버린 날
눈송이 수보다 더 커 버린 그리움
발이 묶여 내 곁으로 올 수 없는 사람
이런 날이면 문득 생각나 하얀 미소 짓게 하지만
아린 마음은 먹먹한 가슴을 만들어요

길게 몰아쉬는 한숨만이 시간을 먹고 있어요
한숨이 웃음소리를 묻혀버리는 날
하얀빛 눈의 시간이 눈부시게 빛날 거예요

1인용 의자의 설움

길가 담벼락 밑 외면당한 의자
비바람 맞아 근육은 모두 빠져나가
헛헛한 네 다리는 서 있기조차 버겁다

손가락질, 비웃음에 너덜한
핏기 없는 해쓱한 얼굴
의붓아들 같은 1인용 의자의 고뇌
애틋하게 서로를 그리는 마음으로
어디엔가 있을지도 모를 내 편 찾아 쫓는 동공

함께가 아닌 1인용이어서 좋았던 시절
영원히 버려질까 두려운
버려지지 않으려는 발버둥
애타게 누군가의 손길을 기다리는데
애처롭게 초연悄然을 가장한 모습 뒤에 숨겨진
몸서리치는 어득함은 온몸을 휘감는다

서러움은 볼을 타고 흐르고
찾는 이 없어도
한 사람의 안식처가 되고 싶은 하나의 의자

누군가가 앉을 때 편안해질 수 있도록
다리에 힘을 올리려 안간힘이다
설움은 나에게서 막을 내리고
대물림하지 않겠다는 다짐으로
네 다리에 힘을 주어 일어선다

비 오는 날이면

기억 창고 속 울려 퍼지는 알람
까맣게 잊었던 속삭임이 되살아난다

머리 위로 떨어지는 빗방울
그대 발자국 소리, 가슴에 고이는 그리움

어깨를 감싸안은 팔
보폭 맞춰 걷는 함박웃음

심장박동
아우토반을 달린다

말과 행동이 디딜방아를 찧는 날
터져버린 댐처럼 걷잡을 수 없이 내리는 빗줄기
그리움 되어 쏟아진다

지워지지 않는 드로잉

소쩍새가 울음을 토해낼 때부터
매미의 끊어지지 않던 절규가 한창일 때까지
휘청거리며 하얀 빌딩에 머물다
큰 바윗돌 가슴에 끌어안고
물먹은 솜뭉치가 되어
장대비 사이를 헤집고 다니던 발길

알 수 없는 것들로부터 목말라 휘젓고 다니며
겁 없이 멋대로 그은 선 이제
깨우침과 뉘우침이 교차하는데
애태우며 지우려 해도 지워지지 않는
평생을 짊어지고 가야 할 선의 무게
숨통을 조이며 헝클어진 선, 선

심장으로 가는 길이 막혔다
심장의 수축에 따라 춤추는 그래프
들숨과 날숨은 롤러코스터를 탄다
견고한 선, 끊어 버리지 못하는 강철 같은 선
무거운 바람에 흔들리며 그네를 탄다

심장에타투처럼새겨지는고통의드로잉

의술과 약으로 치료하여
작은 우주는 더 견고해지리라 믿으며
선과 선으로 연결된 일상의 신작로新作路를 찾는다
봄 햇살은 머리 위에서 춤을 춘다

홍시빛 노을

서녘 하늘, 노을빛이 붉다

오로라의 빛처럼 오묘한 불빛으로 타오르는 불꽃

집시들의 화려한 플라멩코 춤사위

하루의 끝으로 내닫는 시간의 노을빛

달콤한 홍시 빛 가슴에 스며든다

허허로운 마음에 위로를 건네는

농익은 홍시 빛 흩날리는 벚꽃잎

치맛자락 위 아양 떨며 떨어진 꽃잎

나풀나풀

첫사랑 만나러 가는 설레던 날처럼
후리지아 한아름 가슴에 안고
너의 섬에 닿고 싶다

이영희

2010년 계간 『문파』 신인상 등단. 한국문인협회 회원, 계간문파문학회 회원, 호수문학회 회원. 한국방송 통신대학 문화교양학과 국문과 졸업.

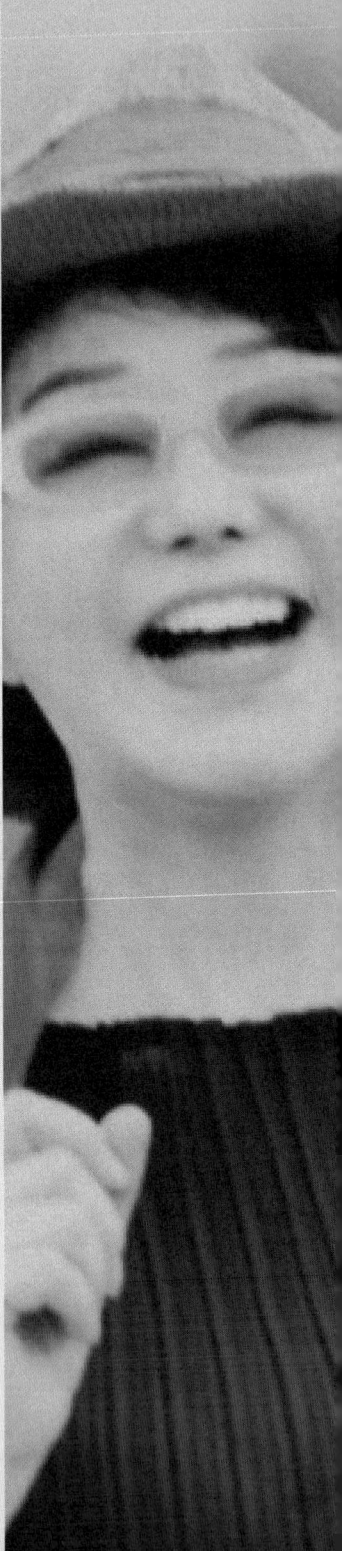

<u>섬</u>

<u>옥수수 밭에 서서 시간을 만진다</u>

<u>잔상</u>

<u>고독사</u>

<u>요강</u>

섬

밤을 빠져나오지 못한 통증 가득한 길
목소리 없는 새벽은 섬처럼 외롭다

마음에 담은 적 없던 그 길을 떠나
생각이 접힌 곳마다 희석되지 못한 사연 고여 있는
낡은 서랍을 연다

처절하게 버텨온 삶의 끝자락에 이르러서야
하늘이 무너지는 슬픔 외면하고
가슴 찢어지던 시간을 닫아버린
거기,
멈추지 않은 긴 통곡이 숨어있다

붉은 장미 허공에서 뚝뚝 떨어지고
바스러질 듯 가냘픈 낙엽 되어
잠시, 빌려 쓰던 것들 훌훌 벗어버리고
솔잎에 번져 사라질 바람 따라

모시옷 입고 찾아온 초승달 같은
그런 맑은 날

첫사랑 만나러 가는 설레던 날처럼
후리지야 한 아름 가슴에 안고
너의 섬에 닿고 싶다

옥수수 밭에 서서 시간을 만진다

한 번도 차오르지 못한
그믐달로 세상의 마지막 문을 열고 만 당신
아끼던 풀뿌리 그 땅에 옥수수가 푸르러요

황금 같은 가락동 땅 팔아서 산 화장터 앞 구릉
그때 얼마나 애끓어 하셨나요

당신은 떠나서
밤이면 별빛으로 천지신명께 두 손 모으셨겠지요

이제 검은 구름 걷히고 노른자위 땅이 되었어요

첫 수확의 계절
무명옷 걸친 옥수숫대 위 가을이 왔어요

생전에 쓰고 싶던 이야기
빼곡히 적혀있어요

흑요석 밤이면
하얀 초승달 시가 내리는 푸른 도서관

더 주지 못해 안타까워하던 그녀
오늘
초록빛 서정 마구 풀자 옥수수잎마다 매달리는 파릇한 언어들

잔상

몰래 스며든 별빛 섞여
갈아 마셔도 좋은 달콤한 밤
가슴에 별 하나 피어났다

눅눅한 마음에
마냥
퍼 주는 햇살 같은
웃음 지닌

그건
내 마음을 건드리는 일

두 팔 크게 벌리다 사라지는 그림자
신기루같이

긴 꼬리를 끌며 나를 통과하는
저 별

그냥
그리워만 하는

고독사

똑
똑
똑

모가지를 꺾는다

외로워서 위로 차오른 숨을 탁

똑 똑 똑
원을 그리는 물방울
목이 꺾인 하얀 목련 난분분하다

이 세상에 와 점 하나 찍지 못하고
내게 온 파랑을 자른다

여기저기
눈을 닫는다

요강

드르륵 방문이 열리자
와락 안겨 잘못 했다고 빌고 싶은
어머니가 이승에 놓고 간
강이 있다

깨알같이 많은 날
캄캄한 밤 제 몸을 열어 은밀하게 받아주더니
한순간 주인을 잃고 어리둥절해하는 강

한때,
어머니와 나의 달거리 소청이 담겨 있던 강물
그 몸을 감싸안는다
따스한 체온이 전해지는 것 같다

이렇게 가실 걸
그리도 아끼고 닦고 하셨을까

침묵 속
혹시 남기고 싶던 말 있나
빈 들녘 같은 당신의 세간을 바라본다
풀잎 하나도 보듬어 주던 고은 어머니

가기만 하고 올 수 없는
그곳에도 아무 말 없이
제 몸을 열어 당신을 받아 주는 이 있나요

이영희

무성하고 뜨거운 여름 한가운데에서
어찌 너희들 몇몇은 갈색의 슬픔을 머금고
이른 이별을 준비하고 있는가

박옥임

2012년 계간 『문파』 시 부문 신인상 당선 등단. 한국문인협회, 용인문인협회, 문파문학회, 시계문학회 회원. 저서 : 시집 『문득』, 공저 『그랬으면 좋겠다』 『꽃들의 수다』 『그냥 그렇게』 『물들다』 외 다수.

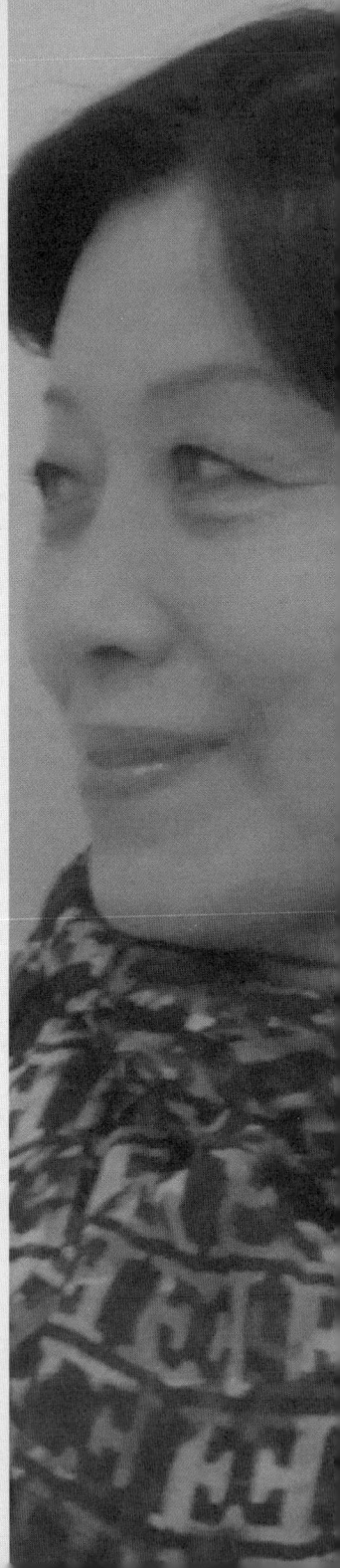

그리고서 다시

그리움만 남아

곧 봄이 오겠죠

어느 시인의 하루

붉은 기도

그리고서 다시

참과 거짓의 간격에서
깨닫는 순간을 찰나에 떨어뜨리고
그리고서 다시
고민하고 아파하는 시간
힘들게 비워진 자리를
헛됨으로 얹어가는 어리석음
치유도 못 하고 놓쳐버리는 우매함
시간은 그렇게 날아간다
안 돼
갑자기 손 내밀어 생각을 잡으려 애쓴다
인생살이 끝나는 날에나
어리석음의 자락을 놓으려나

박옥임

그리움만 남아

봄 여름 가을 겨울
사계가 수없이 바뀌며
함께 했던.
영원히 가슴으로 기억할 것입니다

몸은 멀리 갔지만
영혼이 함께 한다면
떨어져 있은들 무엇이
문제이겠습니까

실낱같은 초승달 빛도
슬그머니 사라진
캄캄한 밤하늘 끝으로
반짝이는 별 하나

바라보는 이 마음에
그리움을 던져 놓습니다

곧 봄이 오겠죠

잎이 후두둑 가버리고
가난해진 능선 위의 나목들
차가운 바람에 서로 손잡고
함께 흔들리며 자리를 지킵니다

우울이 비 오는 날처럼 흐를 때
다만 잡은 손의 온기로
위로를 건네받으며
몸을 추스릅니다

더욱 찬 날들이 오고 가겠지만
쓰리고 얼얼한 추억을 함께하며
따슨 햇살 화사하게
비칠 날 손꼽습니다

박옥임

어느 시인의 하루

청소를 끝내고
커피 한 잔 들고 책상 앞에 앉는다
숙제처럼 쓰는 시 한 편
맴돌던 이야기 생각이 나지 않아
식은 커피로 마음을 적신다
집중은 어딜 갔는지
입에 쓴맛만 가득

산책을 해볼까 창을 보니
동산 너머로 햇살이
곧 떨어지겠다

쓰던 글 다시 뚫어지게 바라보며
태양이 불쑥 솟아오르듯
시 한 편 따끈 나오길 기다리던
하루가 슬며시 사라지고 있다

붉은 기도

잠들기 미안함에 창가에 섰다

붉은 상현달 위 짙은 회색 구름
비키질 않는다

어둠 저편에서 들끓는 소리가 들려오고
진실과 정의가 사라진 이 땅
젊은 피들이 불을 밝혀 밤을 밀어내려 한다

활활 일어나는 진실의 장으로
함께 빠질 수 없는 이 시간

시선이 언제 거두어졌는지
달도 구름도 서녘으로 사라져
고요 속에 갇혔다

가릴 수 없는 부끄러운 마음으로
방 한켠에 작은 불씨 켜놓고
두 손을 모은다

혼을 찢는 떨림 속에
환상들이 녹아지고
어둠을 지우는 간병인의 속삭임이
무대의 끝말 내리듯
발목을 다독인다

박시걸

2012년 『심상』 등단. 캘리포니아주립대학교 교수. 시집 『시로 보다』 『별빛 퍼들거림에 마음 찢기고』 『스탠포드 아틀리에』, 시조집 『살아있는 가락』. 시예술아카데미상, 계간지우수작품상, 미주윤동주문학상 등 수상.

알츠하이머

활문어

여로

바람

살아있는 가락

알츠하이머

하늘길 가는
긴 줄 하나

생성과 소멸이 어우르는
질긴 풍경을 달고

부러진 시곗바늘에 걸려,

오가는 바람의 그네처럼
흔들리고 있다

박시걸

활문어

해물탕 어패류 틈의
유일한 생존자,
대양을 건너온 한 슬픔이
혼동의 눈꺼풀 너머로
초를 읽고 있다

출렁이는 붉은 물 바닥,
혁명의 발을 딛고 환향하기엔
격하게 굴절된 비운의 길,
둘러선 투창들의 시선이 가파르다

탕물을 내리치는
나이테 단 눈동자의 항거에
탐욕의 가위는 승기를 흔들며
사박사박 목숨의 줄기를 잘라낸다

수석처럼 당당하던
투혼의 머리,
죽음의 마지막 명제를 갈피에 달고
포획자들의 웃음을 털어내며

의분의 선언을 하듯,
엷어진 전율을 울럭인다

여로

녹슨 기차가
뉘엿뉘엿 철로를 간다

애초, 숨 트이고 눈 열리고
어디론가는 가야 했다

산천초목의 환호를 받으며
부푼 시선들 이마로 터뜨리고
때로는 살같이, 때로는 뗏목같이

멀고 긴 운행의 여정
가다가 멈추고, 머물다 떠나고
들판의 나비도 쫓고
다리 밑 고드름도 지우며

떨구지 못하여 달고 가는
수백의 객차들이
황혼빛 드리운
기억의 터널을 지나고 있다

사르트르 칸의 덜렁이는 실존

셰익스피어 칸의 번득이는 수사
스탈린 칸의 버벅대는 궤변
쇼팽 칸의 눈물 캐는 선율

기관차의 심장을 겨누는 듯이
붉고 푸른 진물을 내며
선로 위에 꿀렁인다

들르고 후회했던 역들,
들르지 못해 안달했던 역들
헤일 수 없는 이름들이
덧칠한 이정표 위에 점멸한다

칙칙한 연기를 내뿜으며 기차는,
시간의 재촉을 무야로 밀고 간다

바람

1
바람의 머리 되어
지면을 쓸고 싶다

행성 축 뒤흔드는
선각자로 호령하며

허튼 것 무너뜨리고
비뚠 것 펴주다가

2
바람의 뒤축으로
남은 생 살고 싶다

풋풋한 먼지 달고
눈물 꽃 일구다가

보랏빛 파도 뒤치며
석양도 잠재우고

3
바람의 잦음같이

풀숲에 눕고 싶다

세인의 뇌리 속에
남겨진 한 톨 이름

세월이 얽혀진 뒤로
이슬처럼 문득 돋는,

살아있는 가락

한 줌의 흙덩이
욕망의 에필로그,
흘려보낸 허황한 날들이 돌아와
어둑한 방의 천정을
빼곡히 날고 있다

벗겨진 감각 위로
솟구치는 살의 여흥,
적막을 가르는 최후의 포성처럼
실루엣 절정을 향해
붉은 선을 지른다

혼을 찢는 떨림 속에
환상들이 녹아지고
어둠을 지우는 간병인의 속삭임이
무대의 끝말 내리듯
발목을 다독인다

어디서 노랫소리가 들려왔다
조금 눈물이 나서
몰래 얼굴을 핥고
아무 일도 없는 것처럼
잊으려고...

부성철

2002년 『문학과의식』 등단. 해동고등학교, 한양대학교 졸업.
한국문인협회 70년사 편찬위원. 호수 해바라기 동인. 수상 :
2002년 『문학과 의식』 신인상.

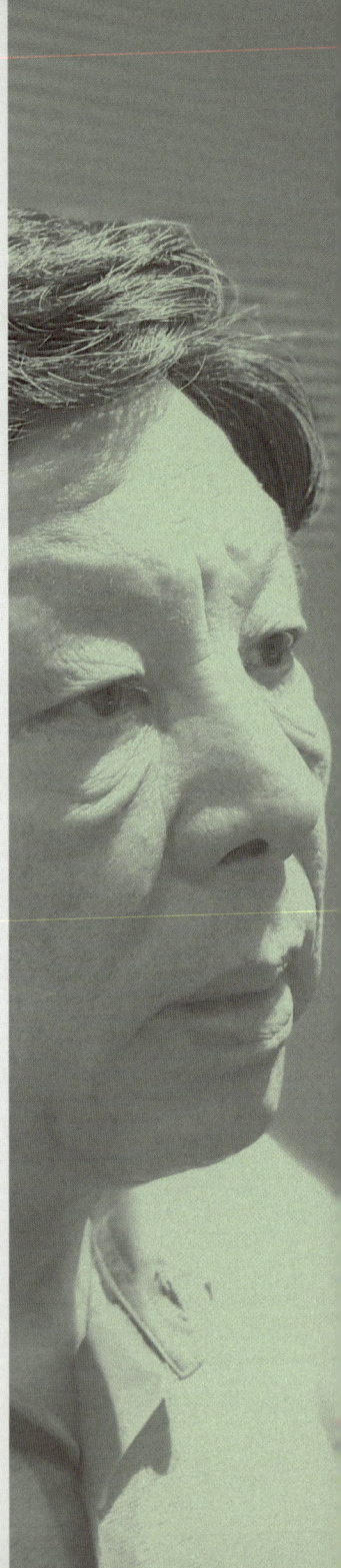

강의실에서

안녕, 하루살이

길냥이

너는 누굴까

영풍문고

강의실에서

화사한 꽃들이 모여있다
참을 수 없는 웃음소리
공중으로 뜨다 스러지면

바람. 별. 바다가 와서 놀다 가고
앉아 있던 의자 위로 수많은 사연들이
산과 강이 어불어져
거친 삶이 생에 부딪쳐 쓰러지기도 하고

어떤 일들은 감격에 겨워 눈물을 흘리기도 하고
걸어온 길들은 다 만만치마는 않아
멀리 그리움이 비추면
애틋한 얘기들은 책장에 남아

오랜 문어들을 새겨 넣는다
(나비 한 마리 갈 곳을 잃어 마음을 헤메인다)

안녕. 하루살이

날나리 한 마리
수작을 걸어온다
이마에 앉았다가 눈 위에 앉았다가

너는 어디에서 왔을까
우주의 이치에 서 있다가
자기의 길을 마치고
또 어디론가 흘러간다

잠시 들렸던 이 세계가
너무 아름다워
빙빙 돌다 따라 따라 내리면
바람에 실려 날아가 가버리는 일

윤회에 마법에 걸려
다시 이 세계에 온다면
달빛이 내리는 언덕을 지나
강을 건너
새로 날아오르렴

구름에 묻혀 아픔을 털어 버릴 것

아름다운 말들만 기억하기
바람, 별, 어머니, 그리움

눈물, 아픔, 이별은 지우기

안녕

길냥이(푸념)

아직 찾지 못한 시간을 붙들고 있다
어디로 왔다가 어디로 갈 것인지 모른 체

하루 뒤적이면 골목 안 쓰레기통 속으로
고개를 디밀면
편안한 냄새가 얼굴을 감싸안아
그립다 그 모르는 세계가

별이 지는 언덕이었을까
바람 흐르던 구름이었을까
자꾸 잊혀지는 정다운 단어들이
그걸 몇개 치 가슴에 붙든 체
담을 넘고 있다.

어디서 노랫소리가 들려왔다
조금 눈물이 나서
몰래 얼굴을 핥고
아무 일도 없는 것처럼
잊으려고...

그만할까
(시를 만드는 일)

너는 누굴까

왼손잡이였다
오른손을 올릴 때 왼손을 올리고
윙크를 했을 때 윙크를 하는 것
나와 가장 닮은 그가
늘 그 속에서 나를 관찰하고 있다
마치 나를 다 안다는 듯

미소 지으며 시침을 때 보이지만
그 역시 시치미떼고 모른 척 하는 것

저녁
집으로 돌아오는 차창에 비친
그가 외로워 보여
나를 위로하기 시작했다
같이 울어주고 웃어주고
건방을 떨다 사라지던

그때가 그리워
은하수가 뜨는 언덕으로 날아가야지

늦게 도착한 저녁이
거울 속에서 웃고 있었지

부성철

영풍문고

들어서자 확 달려들었으면 했다
가지런히 늘어선 지식들이 각기 멋을 내고
시의 코너에선
잠깐 바람이 불었다
조금씩 속삭이는 소리에
귀를 기울여 봐도
경험할 수 없는 그들의 세계가
어디쯤에서 잠시 멈춰서서
나를 부른다

그 속으로 들어가자
시의 세계로

마른 눈 위로 조그맣게 햇살이 비추고
살며시 눈을 감으면
어느 별의 싱그러운 날에 시어들이
꿈틀꿈틀 기어 나오는 그 세계로
속은 깊었다

문장과 문장 사이에서
늘 고민하다 넘어지지만 포기하지 못하고
시의 허공을 바라보며 걸어간다

조정희

충남 공주에서 출생했으며 『창시문학』에서 작품 활동을 시작했다. 2003년 『한국문인』 계간지 시 「봄의 몸짓」와 「둥지 잃은 까치」으로 신인문학상 수상 했으며 시집으로 『곁에 있나요』(2013) 성남시 문예진흥기금 지원금으로 출간했다.

저 고요한 소리

아부를 모르는 거울

어둠을 벗겨내다

시간이 만든 거대한 작품 그랜드 캐니언

환상의 붉은 정원 브라이스 캐니언

저 고요한 소리

침묵이 감도는 정원 새벽 산책길
실바람에 가만가만 제 몸 흔드는
가느다란 풀잎 소리
애기똥풀꽃 한 송이 잠에서 깨어나
기지개 켜는 소리
초록빛의 작은 풀벌레 풀잎에 납작 붙어
이슬 머금는 소리
제 몸의 스무 배쯤 되는 먹이
우산처럼 머리에 쓰고
행진하는 개미들의 가쁜 숨소리
들리지 않으므로 더 선명해지는
저 고요한 소리 흩어질까 봐
풍경처럼 살금살금 기어가는 몽실이

한 폭의 수채화 속에 담아보는 고요한 새벽

아부를 모르는 거울

누런 얼굴빛, 삶에 지친 표정, 초점 잃은 눈빛
거울 속에 고스란히 들어있다
낯설기만 한 얼굴
인정하고 싶지 않은 저 몰골
아부를 모르는 거울이 밉다

거울이 요술이라도 부려
생기 있는 표정, 눈빛 보여주길
기대하는 여자 비웃는
아부를 모르는 거울 앞에 앉아
비비크림으로 밑바탕 색칠하고
눈썹과 볼 터치와 입술에 연분홍 루주 바르고
공들여 분장을 해보지만
거울은 여전히 아부를 안 한다

살아온 세월만큼의 두께 벗겨낼 수없다
거울을 부숴버리지도 못하고
오늘도 거울 앞에 앉아 분장을 한다

어둠을 벗겨내다

어스름한 새벽 앞산 산책길
고요와 침묵이 잠자는 숲
부지런한 까치들 포르르
나뭇가지 사이 날갯짓하며
까아악 까아깍 청아한 노랫소리
어둠을 벗겨내며 잠에서 깨어나지 않은
수많은 숲속 생명들 깨운다

어둠이 뒷걸음질하며 물러선 자리
뽀얗게 세수한 햇살이 산란하며
연초록 나뭇잎 뺨에 앉아 빛을 발하고
나무 아래 작은 생명들 생기 찾아
아침 노래 부르는 숲

또, 하루가 두 손 번쩍 치켜들고 기지개 켜는
벅차오르는 새벽 숲속에서
사유의 나래 활짝 펼쳐
훨훨 날아오르고 싶어 파닥여본다

시간이 만든 거대한 작품 그랜드 캐니언

20억 년에 걸쳐 형성된 켜켜이 쌓인 지층
붉은 사암, 회갈색 석회암, 검은 현무암
퇴적이 색으로 말하는
시간이 그린 거대하고 웅장한 작품

협곡엔 진동하듯 울리는 바람 소리
침묵의 깊이는 또 다른 침묵을 길어 올린다
협곡 깎아 거대한 작품 완성한
유유히 흐르는 콜로라도 강 줄기
고요하게 흐르는 자연의 영원함 바라보며
자신을 돌아보는 시간
내 안으로 스며드는 거대한 상념
구구절절한 문장을 잇는다

그림자조차 가닿지 못하는 저 광활함의 극치
그 앞에서 한없이 작아지고 숨이 막힌다
깊이는 끝이 없고 넓이는 무한의 약속처럼 펼쳐진
그 어떤 언어로 경이로움 펼쳐 낼 수 있을까
내 사유는 무력하여 존재의 이름을 묻는다

절벽 끝에 서서 바람의 소리에 섞여 한탄할 뿐
시간은 멈추지 않고 콜로라도 강은 도도히 흘러
또 다른 거대한 창조물 기록하리

조정희

환상의 붉은 정원 브라이스 캐니언

미 서부 유타주에 있는 국립공원 브라이스 캐니언
외계행성에 온 듯한 신비스런 풍경
붉은 기둥들이 침묵 속에서 자란다
협곡이라기보다 환상의 세계 펼쳐진 풍경
붉은 죽순처럼 우뚝우뚝 솟아오른
수천 개의 붉은 기둥
신화 속 신들이 조용히 산책했을 것 같은 정원
수만 년 동안 바람, 비, 햇볕, 침묵이 빚어낸
신성한 자연이 만든 걸작 앞에 서서
내 영혼이 조용히 흔들린다
세월이 쌓아 올린 기도의 기둥들
붉은 성전인 듯 성스럽다
태양 빛을 받아 더욱 불그스름한 색으로 빛나
더욱 경이로운 비현실의 세계 펼쳐지자
그 앞에 돌부처처럼 서 있었다
나도 저 붉은 기둥이 되고 싶다는
무언의 기도가 흘러나왔다

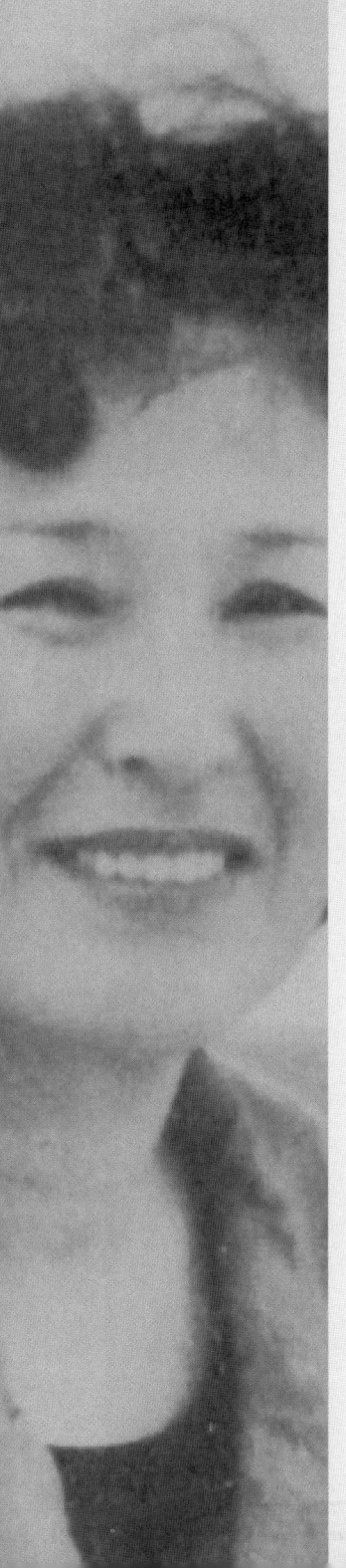

7월의 저물어 가는 창가에
소나무 사이로 노을이 걸려 있네요
불볕이 내리쬐는 담장에 핀 부용화 한 송이 꽃
시어로 다가와 내 가슴을 채웁니다

허정예

강원도 홍천 출생. 2009년 문파문학 신인상 등단. 한국방송통신대학교 국어국문학과. 한국문인협회 회원. 한국경기시인협회 이사. 수원문인협회 회원. 수원시인협회 회원. 수원문학아카데미(시인마을) 회원. 경기시인상, 시인마을 문학상 수상. 저서 : 시집 『시의 온도』

자작나무 숲

경포대에서

선운사 동백꽃

시를 만나러 갑니다

배달 맨

자작나무 숲

하늘에 구름 걸어
은사 빛처럼 반짝이며 군락을 이룬
새하얀 가슴으로 숲을 밝힌다

호젓한 산길에 외로운 등 하나
오가는 발걸음 지팡이 되고
뼛속까지 빚어내는 하얀 마음

천년을 살아도 그 모습 그대로
깃털처럼 하얀 몸매에
힐링으로 보시하는 거룩한 몸매

산허리 돌아 숲길 걷다 보면
피톤치드로 치료받는 평안의 숲
자작자작 묘한 반주에
꿩 한 마리 푸드덕 날아간다

경포대에서

피서객 머물다간 해수욕장
모래밭에 홀로 앉아
끝없는 수평선에 마음 적신다

파도는 물거품
돌돌 말아 뱉어내는 쉼 없는 노동
뭍을 침범하지 않는
바다의 질서 경이롭다

생각이 무아경일 때
어디선가 불어오는 바람이
접었던 추억 불러내
파도 소리에 그리움 담는다

부챗살 햇빛은 설악을 넘어
해를 앉힌 섬들은 백야를 꿈꾸듯
언제나 바다는 넉넉한
어머니 품처럼 포근하다

선운사 동백꽃

찬란한 봄 햇살을 받으며
뒷산에 줄지어 핀 꽃 무리
붉은 울음 가득하다

고적한 산사의 풍경소리
설움에 겨운 눈물 흘리며
곱게 떨어지는 붉은 꽃잎
님의 넋인가

임 가신 길목에
그리움 따라
꽃으로 환생한 미망인이여

한철 깊은 시름에
동박새 울음소리 산사에 그윽해
애달픈 님의 향기
동백꽃 한 송이 툭 떨어진다

시를 만나러 갑니다

칠 흙같이 어두운 밤하늘에
샛별이 반짝입니다
저 별 뒤에 여명이 밝아오면
밤새 수런대던 말들을
까맣게 잊고 새벽을 맞이합니다
흩어졌던 조각난
시어들을 박음질해 봅니다
간간이 머물던 시어들 달아나고
심연의 상념이 끊어진 필름처럼
무기력한 그림자만
가슴을 적시고 있습니다
오늘은 시 밭의
희로애락을 만나러 갑니다
거기에는 다정한 얼굴들이
다양한 글감을 나누며 영감의
피드백을 주고받습니다
해맑은 꽃잎들 속에 힐링의
영양분 마시곤 합니다
웃음 사랑 슬픔의 언어들이
삶의 바다에서 건져 올린 글들이
그믐밤 샛별처럼 빛납니다

허정예

배달 맨

염천의 태양 빛을 이고
달리는 오토바이
폭염은 지구를 삼킬 듯
지쳐가는 길 위의 배달 맨

헬멧으로 얼굴을 가리고
달리는 저 뉘 집 가장인지
가족을 위해 죽음을 무릅쓰고
이 골목 저 골목 주문을 나른다

한 푼이라고 더 벌기 위하여
열받은 아스팔트를 누비며
목표를 채워가는 모습이다

쌩쌩 달리는 오토바이
두렵기도 하지만 치열한 노동
인생의 참맛으로 삶을 이어가며
바쁘게 달리는 뒷모습에서
헬멧은 더욱 빛납니다

유리잔의 오후
침묵의 물결
유리창을 건너온 햇살이
유리잔을 비스듬히 건너가고 있다

노정순

2016년 계간 『문파』 시 부문 신인상 당선 등단. 한국여성문학인회 회원, 문파문학회 이사, 호수문학회 회원. 2016년 제3회 천태산 은행나무 '전국 시 낭송 대회' 입상. 저서 : 시집 『비상』, 공저 『다시, 가슴이 뛴다』 등 다수.

불두화

초가리

노점 판에 장난감

오월의 고향 언덕

너울성 파도 물매질

불두화

고요한 이른 아침 법당 뜰 가에
하얀 불두花 피었네
그 자태 마치 여래의 미소 같고
그 향기 무념의 경지 속으로 이끈다

속세의 바람도 머물다 가고
풀벌레조차 합장하고 기도한다네
꽃잎에 담긴 자비심이
고요히 중생의 마음을 씻어 준다

머리 숙인 듯 겸허한 그 모습
어리석음도 그 앞에선
부끄러워 물러간다
불두花여 너는 진실로 부처의 머리 아닌가

하나 피어나 천의 마음을 밝히고
지듯이 져도 법음法音은 머무른다
무상 속에도 영원을 품은
불두花 큰 깨닳음이다

초가리

그녀는 밤낮 붓 초가리*를 묶습니다

배꼽마당에 초록 탯줄 금줄을 쳤습니다

삶의 가치를 찾아가야만 합니다

초롱초롱 빛나는 샛별을 위해서 말입니다

그대가 붓대를 깎아야 하는 까닭입니다

아름다운 꽃을 피우기 위한 이유입니다

* 초가리: 붓 모(毛)

노점 판에 장난감

길바닥에 뒹구는 작은 울음소리
성남중앙시장 노점 판에 반짝이는 장난감
엄마 나 이거 사줘 응 발 구르던 첫째 아이

등에 업힌 둘째 아이가 어깨너머로 말을 건다
엄마 엉아 장난감 사줘 엄마 응

칠십 년대 후반 경재 부제
어미는 아이의 손을 꼭 잡고 걸어가는데
아이는 갑자기 길바닥에 나 뒹굴어진다

장난감 하나 손에 꼭 쥐고 발거음이 씩씩하다
눈물 콧물로 버무려진
작은 얼굴에 웃음꽃이 활짝 피어난다

세월은 저 멀리 물처럼 흘러갔지만
아이의 울음은 내 귓가에 머물고
순간순간 둘째 목소리 내 등을 토닥거린다

노점 판의 장난감이었지만
그것은 그 시절의 큰 무게였으며

어미의 아픔이기도 했다

태평동 중앙시장 모퉁이에 버려진
배추 무수 잎새 장바구니에 욕심부려 채운다

오월의 고향 언덕

초록 물 우리는 오월의 고향 언덕에
햇살은 보리밭 사이로 힘차게 달려왔었지
누운 들판을 쓰다듬고 걸어 오는 꽃 바람

오월이 찾아오면 내 고향엔
보리꽃이 하얗게 피어났었는데

보리밭 끝자락에
밀 이삭처럼 누런 빛깔이 단단해질 때
초등학교 친구들의 웃음소리
구름 따라 바람 따라 떠나지 못한 채
보리꽃 사이로 뒤돌아 온다

오월이 왔을 뿐인데
보리꽃 송이들이 피어났을 뿐인데
그 길 위에 서 있는 그녀 마음에 초록 물결 친다

울려 퍼지던 초등학교 종소리 풀빛 숨결
세월이 내려놓고 간 고향의 푸른 그리움이다

누가 말 했을까
가장 평화로운 풍경은 고향 산천이라고
들녘과 하늘에 일렁이던 녹색 구름 노친 가슴에 메아리친다

너울성 파도 물매질

너울성 파도 물매질
등대지기를 덮치고 갯바위를 훌쩍 넘어선다
바다 깊숙이 앙금이 내려앉고
냉혹한 입매 바람 차디찬 눈매 바람 소용돌이칠 때
뒷산에 푸른 달 덩두렷*이 솟아올랐다

바다는 소낙비에 젖지 않았다
거센 파도 소리에 놀라지 않았다
너울성 파도 물매질에 더욱 고요했다
갈앉은 고려청자 끌어 올리는 작업에 몰두했다
침묵의 습격자 하얀 파도 물매질
지나가는 길손이라고 잠시 머물다가는 길손이라고

그럼에도 불구하고
그녀는 꽃거품** 쪽물을 우리다

---

*덩두렷: 사물이 웅장하고 높으며 흐리지 않고 분명함.
**꽃거품: 순수 우리말. 쪽빛을 만드는 과정에서 일어나는 거품.

아무 일 없는 하루 소망해 본다
기적은 특별한 것이 아닌
아무 일 없이 하루를 보내는 것이라고
조용히 관조해 보는 노년

김용구

충남 논산 출생. 2013년 계간 『문파』 시 부문 당선 등단. 문파문학회 운영이사. 前 창시문학회 회장. 저서 : 공저 『나는 아무래도 시를 써야겠다』 『그렇게 아픈 미소』 외 다수.

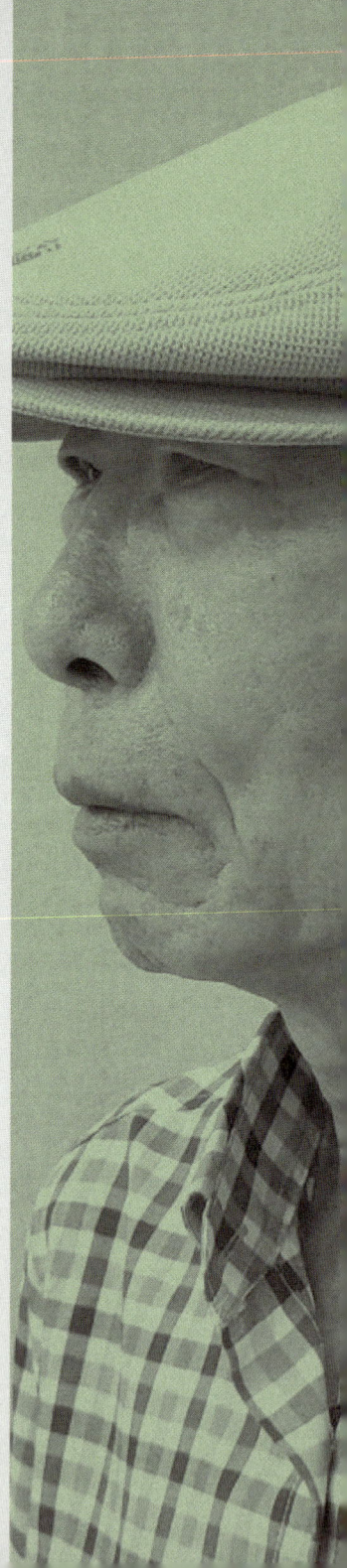

서울 합정동

노년의 발자취 그리고 일상

겨울 정원

숲 속리산

아버님의 삶

서울 합정동

은행 합정동 지점에서
영원한 뽀빠이 아저씨를 만났다
하늘나라로 갔다는 기사를 읽고
쾌활했던 그 모습 그려본다

은행 가까이
조경철 우주 박사도 함께했던
뽀빠이 사무실

은행에 오면
넉살스러운 유머 선배님
'천 원권 신권으로 주셔야 해요'
전 직원 폭소하며 그를 반겼다

지점 출장소 개점식 사회
은행장과 귀빈들 박장대소했던 그날
가난을 이겨내며 근검절약
근육질 몸 유쾌한 우정의 무대 원조 군통령
심장병 어린이 500여명 후원했던
뽀빠이 이상룡 안녕히 편이 쉬세요

김용구

노년의 발자취
그리고 일상

아침에 일어나
복식 호흡하며 심장 흐름을 체크
몸의 상태가 비정상이면
살며시 묵주를 만지며 절대자에게
모든 것을 맡겨 본다.

오늘 먼지 쌓인 곳을 청소하다
철사에 오른손 상처를 입어
피가 계속 흘러 반려자의 도움으로
응급조치 갈라진 부위의 통증 치유했다

연륜의 흐름 속 생기는 어둔함
노년에 따른 기억력 감퇴 무기력 증상
친구들 단절되어 오는 고독 소외감

아무 일 없는 하루 소망해 본다
기적은 특별한 것이 아닌
아무 일 없이 하루를 보내는 것이라고
조용히 관조해 보는 노년

겨울 정원

설렘 자극하는
눈 소복이 내린 겨울 정원
아름다움 감동 영감 전해주는
크리스마스트리
구상나무 침엽수 특별히 푸른 자태 절감
신비로운 은빛 푸른 은청 가문비나무

마음에 평온을 주는 색감
겨울에 늘 푸른 나무
메마른 마음 생기 돌아주는
자작나무 나무껍질
예술적 색감 질감들

겨울 정원
눈이 내린 아침
해가 떠오를 무렵 찬란한 신비
몸 마음 추운 겨울
서로 따뜻한 온기 전하는
소복이 내린 눈

겨울 정취 넘치는
우정 사랑 확인하는 추억
겨울 정원

김용구

숲 속리산

말티재 자연 휴양림 숲속의 집
숲과 호흡하며 자연과 함께
세속 어지러움 잊으려 했던 여정

속리산 테마파크 케이블카
멀리 문장대 정상이 보이고
자연의 신비 속 웅장함 품에 안겨
먼 산 굽이굽이 물끄러미 바라보는 환희

법주사 부처님께 공손한 예 전하고
오래전 걸었던 세조길 추억의 오솔길
정상에 올라 팥빙수 먹던 추억
자연의 위대함 느끼게 하는 하루였다

속리산 입구
보은 삼 년 삼성
삼국 시대 신라 영토 전쟁에 쌓은 산성
석축으로 요새 구축하고 성 쌓는데 3년. 삼년삼성이다
산 능선 따라 능선 언덕 경사면
외벽 내벽 돌로 채워진 성
산성을 걸으며 삼국시대의 역사를 읊는다

삶의 발자취 더듬어 본다

속리산
산채 비빔밥의 맛갈스러운 맛 다시금 취해 본다

아버님의 삶

근엄하시고 존경받으신 교장선생님
교직 생활 중 홍익인간, 유교 사상을
바탕으로 주역, 정역에 정진하신
나의 아버님은 노헌 김근수 선생이다

정역은 후천개벽 사상을 저술한 김일부 선생이
대역서를 저술하여 우주 변화 후천 개벽 사상을
후세에 전수하고 있다
'천지 질서가 바뀌는 때 이것이 개벽'이라는 것이다
증산도 원불교의 토대가 된 역학이라고 한다

모교에 30년 봉직하시며
학교 교훈으로 교가를 작사하신 어른이며
정년퇴직 시 교정에는 제자들이 세운 송덕비가 있고
저세상으로 가신 일 년 후 산소 앞에는
제자들이 스승을 기리는 우뚝 선 송덕비가 세워졌다

연산학교와 공주 사범 졸업 후 한 학교 봉직 30여 년을 하고
얼마나 제자를 사랑했는지 퇴임 후 정륜 장학회를 설립
후학을 위한 헌신의 노력이 가슴 저리게 한다

아침에 일어나면 서재 앞에 서서 존경하는 아버님의 국가 유공자 사진 앞에서 좋은 아침하고 인사드린다.

아름다운 세상이다
긴 잠에서 눈을 뜰 때
슬픈 그리움이 되지 않기를…

심웅석

계간 『문파』 신인상 등단(2016. 詩), 계간 『수필』 천료(2022. 수필). 한국문협회원.문협용인지부회원.계수회회원. 계간 『문파』 이사. 제13회 문파문학상. 제18회 한국문학백년상. 저서 : 시집 『시집을 내다』(용인시창작지원금) 등 5권. 수필집: 『우리를 받아줄 곳은 없나요.』(용인시창작지원금) 등 4권.

아버지

행복한 조각

묵언

구름아

아름다운 세상

아버지

합격했습니다, 告하니
무릎을 탁, 치면서
"이거 큰일 났네" 하신다

가난하던 시절이라
원 없이 시험이나 한번 쳐보라 했건만
덜컥 합격했다니 입학금 걱정이시다
이해는 하면서도 섭섭하였다

그때는 몰랐다
무릎을 치신 것이
'기쁨'이었다는 것을.

얼른 공부 마치고
효도하려 했건만‥

아버지, 허공에 불러보아도
빈집에 울어대는 풀벌레 소리
아픈 가슴 속을 헤집어 놓는다

행복한 조각

   조그만 할머니가 쭈그러진 양재기에 시커먼 동전을 몇 개 놓고 앉아 있다. 학교 동기 모임을 마치고 강남역에서 갈아타려고 걷는 통로에 주름진 얼굴로 추위에 떨고 있다 순간 저 할머니에게 지폐 한 장 있으면 얼마나 좋을까 생각이 들었다 지갑에서 꺼내 건네니 얼른 손으로 받는다 구겨졌던 얼굴이 환하게 펴지며 어린아이처럼 천진한 웃음꽃이 핀다.

   할머니의 맑은 웃음이 내 가슴으로 들어와 삽상한 솔향기를 피운다 초라하던 얼굴이 금방 아침 햇살처럼 빛나던 모습은 지금도 이 마음을 따뜻하게 품어준다 이런 사소한 기쁨이 주는 작은 행복이 메마른 세상 살아가는 우리 영혼들에게 파란 꿈을 안고 날갯짓을 할 수 있는 힘을 주지 않을까

심웅석

묵언默言

말없이 떠난 후
평생을 품고 사는
그대는 내 맘속의 줄리엣

잊지 못하는
가엾은 영혼

나는 오늘도
비를 맞고 서 있는

외로운 돌부처

구름아

하늘에 떠가는 저 구름아
너-른 세상 정처가 없구나
인연들은 스쳐서 다 어디로 가는가

초행길 가다 보면
샛바람도 마파람도
뒷바람도 하늬바람도
때로는 태풍도 만나게 되겠지

서러워 눈물을 뿌리는 날도
그리움에 검게 멍드는 날도
기뻐서 하얗게 웃어보는 날도 있을 거야

머-언 길 걷다 보면
울부짖는 용을 그려 보려는 욕망도
행복한 말馬도 한번 타보고 싶겠지
한 번 가는 길인데 미련 없이 날개를 펴라

가다가 배고파 우는 자연을 보고
아낌없이 눈물을 흠뻑 뿌려 준다면
지루한 방랑의 길에서 존재의 보람이 되리

아름다운 세상

봄비 그친 후
오월의 초록 물결 위에서
맑은 햇살이 환하게 웃으며 손짓한다

아파트 정원에 나오니
잘 다듬어진 잔디 마당에
중학생으로 보이는 남녀 아동들이
배드민턴을 치면서 티 없이 뛰어논다

길에 나서니
초등학생쯤의 여자 어린이가
킥보드를 타고 제비처럼 달린다
반바지 젊은이는 강아지와 산책 중이다

평화로운 정경情景이다

내 중학 시절
학교에서 돌아오면 논으로 밭으로
지게 지고 헐떡이던 세월의 그림자 밟는다.

참 좋은 나라다

아름다운 세상이다
긴 잠에서 눈을 뜰 때
슬픈 그리움이 되지 않기를…

햇살 고운 아침
나팔꽃이 활짝 핀 울타리에
내 마음도 살짝 걸터앉았습니다
오늘 하루도 꽃처럼 두 손 모아
기도로 시작해 봅니다
동행의 길동무가 어깨에 작은 손을 얹고
소곤거립니다
사랑해요
감사해요
그런 하루하루를 남기고 싶었습니다

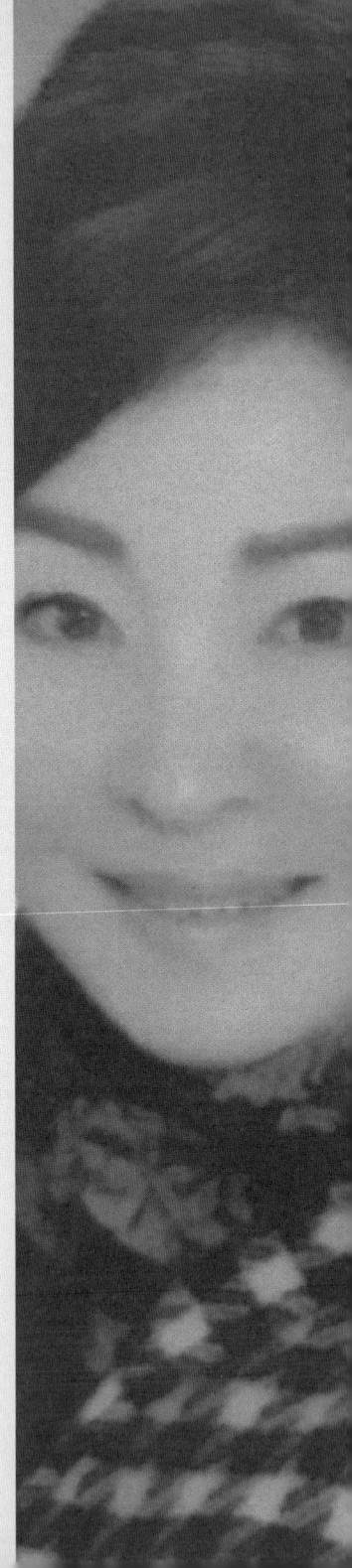

윤복선

2016년 계간 『문파』 시 부문 신인상 등단. 한국문인협회 이사, 한국여성문학인회 이사, 한국시인협회 회원, 문파문학회 고문, 창시문학회 회장. 저서 : 시집 『팝콘이 터질 때』 『숲은 아직도 비다』, 공저 『사랑의 역설』 『문파 대표 시선집』 외 다수. 이메일 : ybskrw@naver.com

꼬끼리의 일생처럼

청보리 밭에는

징검다리

공포의 순간

항구는 자유다

코끼리의 일생처럼

불이 꺼지고
고요와 적막이 내 숨소리를 조인다
어둠 속에서는 수만의 눈이
카메라 플래시가 된다
심장이 터질 듯이 펌핑하는 순간
광활한 아이스링크에 나 혼자 서 있다
포인트 등이 달처럼 뜨고 음악이 몸속으로 파고든다
가슴을 내밀어 첫 발을 밀어내는 순간
인생의 왈츠가 시작된다
지금 안데스 계곡의 라마처럼
가파른 비탈길, 짐을 지고 나르고
잼과 치즈를 만들어 내기도 하고
때로는 털을 벗겨 섬유를 짜기도 한다
춤사위 사이사이에
거미처럼 밤새 그물을 짜내기도 하고
목화에서 실을 뽑아 형형색색의 옷을 만들기도 한다
그러다가 코끼리처럼 삶이 비대해지고 버거워
밀림 속으로 들어가면
저기 탐쌍* 동굴이 있다
링크의 핀 등이 꺼지고
음악이 멈추고
심장이 잠을 자고
링크는 흐르는 강물이 된다

* 탐쌍 : 코끼리가 죽을 때가 되면 찾아온다는 천연 동굴 라오스.

윤복선

청보리 밭에는

어머니는 청보리를 이고 있었다
바람이 일렁이는 보리밭 사이로 언뜻언뜻
어머니의 하얀 머릿수건도 일렁인다
책가방을 던져놓고 부엌에 들어가면
가마솥에는 물방울이 따듯하게 한 줄 두 줄
쑥버무리가 베 보자기에서 반지르르 웃고 있다
중국집 자장면 먹으면서 혼례를 치렀다는 순애는
봄날은 간다 연분홍 치마를 입버릇처럼 불렀다
돌밭에는 깨를 심고
기름진 밭에는 보리를 심는다는데
가마솥에 삶아내는 뜨거운 사람
봄이 다 가도록 아껴둔 꽃처럼
지금도 어머니는 청보리밭에 계신다

징검다리

세탁기에 세제를 넣고 전원 버튼을 눌렀어요
코로나 세상을 넣고 돌리고 싶었거든요
햇살이 곰팡이 핀 실리콘 창틀 사이로 굳이
비집고 들어오네요
창밖에는 앙상한 겨울나무가 까치집 하나,
머리에 이고 깊은 잠을 자고 있어요
가끔은 눈꽃도 꽃이라고 피지만 아주 잠깐이랍니다
그 사이로 삼천리 5층 아파트가
아픈 회벽을 안고 응급실로 달리고 있네요
이제는 웅장한 일출보다 편안해 보이는 일몰이
더 아름답다는 사람들이 살고 있습니다
세상에는 개울물을 건너는 다리만 있는 것은 아니랍니다
누군가의 등을 밟고 때로는 나의 등을 내어주고
우리는 각자의 왕국 집으로 가죠
얼른 씻고 밥 먹자
빨래가 보송하게 말랐네요
이제는 스위치를 끌게요

공포의 순간

갯바위에 반짝 붙어있는 따개비
본능적으로 숨죽여 움츠린다
그 위에 부리를 세우고
두리번거리는 외눈박이 갈매기
바람에 꽁지 털이 뒤집혀도
숨죽인다
너에게도
나에게도
철썩이는 파도쯤이야
지키려는 자의 눈빛과
쫓기는 이의 눈빛
뺏고자 하는 이의 눈빛은
팽팽한 전쟁 같은 계단을 오르고 있다
이 순간을 멈추게 할 수 있는 것은
마음에 문

항구는 자유다

항구의 불빛은 언제나 어지럽다
바람이 불고 파도가 일어서고
비릿한 바다 내음은 털어 낼 수 없는 삶의 편린이다
수심이 얕은 항구는 대형 화물의 큰 배는 정박할 수 없다
작은 어선들이 나름대로 규칙을 만들어 간다
그런 항구가 참 좋다
창연한 푸른 바다 위에 갈매기가 날고
무질서한 어판 시장은 자유를 준다
붐비고 오염된 도시를 떠나
명함을 주고받지 않아도 좋다
그래
하면 동의하는 게 아니고
듣고 있다는 것을
그런 여유를 주는 한적한 바다와 항구
소금에 온몸을 절여서 무거워진다 해도
마스크가 필요 없음은
온몸으로 느끼는 자유일 테니까
허름한 가게 뜸부기네 집에서 잡고기 한 접시와
소주 한 잔을 기울여도 좋을 그런 자유
항구는 자유다
어부가 얼마큼의 고기를 잡을 수 있을지는

아무도 몰라도 되는 자유
나의 존재를 주입시키지 않아도 좋은 그런 자유가
바람 부는 항구에는 있다

자연의 변화나 생활 속에서 재료를 찾아 쓰게 된다. 제 딴엔 좀 괜찮다 싶은 걸 골라낸 것이지만 부족함을 채우려다 보면 좀 더 나은 작품을 쓰게 되리라 기대하면서 또 다짐한다.

이중환

경북 포항 출생. 2017년 계간 『문파』 신인상 당선. 한국문인협회 회원, 문파문학회 회장, 시계문학회 회장. 저서 : 시집 『멀리서 가까이서』 『기다리는』, 공저 『오래된 젊음』 『문파대표시선』 등 다수.

5월

몸을 닦는다

조약돌이 예쁜 것은

베란다의 화단

석양 아래서

5월

그것은 새롭게 푸른 것이었다
산뜻한 순 잎들이 눈앞 봄바람에
가볍게 살랑이는 5월
참고 견뎌내야 했던 겨울을 멀리 보내고
돋아나온 것들의 순결함
새 옷처럼 깔끔하고 곱게 입었다
힘들여 날 키워주신 부모님
그 은덕만큼이나 고마운 산천
새들도 같이 축복의 노래를 부르고 있다
이슬방울처럼 영롱하고
앳된 아가씨 살결처럼 고운 잎새들
그 정겨움 바로 내 눈앞에 와있는데
어찌 이 사랑 미워하랴
30대의 젊음처럼 촉촉한 물기 머금어
팔뚝에 힘 오른 것 같은 가지들
어려움도 물러서 버리고
오월이 가면 잎들은 진록으로 절여져
더위까지 엄습해 오는데
붙잡고 있지 못하는 안타까움
맴돌던 혼란도 말끔해질 것으로
나는 이 싱그러움을 오랫동안 누리고 싶다

몸을 닦는다

목욕탕 수증기 속
남의 때를 미는 나는 때밀이다
순번 걸이에 열쇠고리가
걸리기를 바라고 있다
특별한 분에게만 붙이는 '사'자
언제부턴가 세신사라 불린다
벌거벗은 남자를 세신대에 올려놓고
바로 눕혀 이쪽저쪽 몸뚱이를
돌려가며 상하, 등허리를 닦는다
아프지 않게 때를 잘 밀어내는 것도
세신사의 노하우
가끔 오일 맛사지 고객이라도 만나면
수입이 껑충 늘기 때문에 VIP로
특별히 신경을 쓴다
때를 미는 것이 나를 위함이고
나의 노력이 고객 만족과
비례하기에 소홀할 수 없고
그분들이 개운해서 기분 좋아하는 게
나의 보람이다
힘들지만 즐겁게
감사한 마음으로 매일 때를 민다

조약돌이 예쁜 것은

태초부터 둥글어진 게 아니었다
날 선 모서리를 부드럽게 깎아낸
시간과 물결이 쓰다듬은 손길이 있다
알록달록한 무늬가 있어서만이 아니다
각기 다른 빛깔과 결들이 강바닥을 채우며
하나의 어울림을 만들어내고 있어서이다
조약돌이 예쁜 것은
그 작은 몸에 숨겨진 이야기가 있으므로
어디서 왔는지 모를 먼 길의 기억,
부서지는 파도와 떠도는 구름의
흔적이 담겨 있기 때문이다
완전하기 때문이 아니라
불완전한 채로도 빛나기에 더욱 그렇다
우리의 삶도 또한 그렇다

베란다의 화단

베란다는 작은 화단
화초들이 모여 사는 정원이다
저마다 다른 숨결,
다른 생육의 특성으로
작은 몸을 뻗으며 살아간다
물 한 방울, 햇살 한 줌,
손끝에 얹힌 정성까지
그들은 사랑을 원한다
가끔은 모난 잎을 다듬고
힘겨운 뿌리를 돌보는
그 작은 존재들이
눈부신 꽃을 피우기까지 기다린다
베란다에 향기가 스미며
내 손길을 기억한 꽃들이
고운 미소를 선물한다

夕陽 아래서

모두가 집으로 찾아드는 시간
노을이 붉다
도시의 소음은 잦아들고
바람은 서늘하게 불어온다
붉게 물든 하늘 아래
아직 남아있는 온기와
다가오는 밤의 차가움 사이에서
나는 기다린다
이윽고 어둠이 밀려오는
평온의 보금자리에 닿아
하루의 수고를 내려놓는다
발길은 정다운 이를 향하고
어둠 속에 묻힌 밤은
더 따스한 꿈을 꿀 것이다
어둠이 내리면
부드럽고 편안한 쉼이 되는
반가움이 언제나 기다리고 있다
하루를 맺는 석양 아래서

아직은 생기 넘치는 응달쪽 한 송이
슬그머니 내려앉는 여명
하루만이라도, 하루만이라도 더…

강정임

2007년 『문학마을』 시 신인상 등단. 2019년 문파문학회 이사, 2019년 창시문학회 회원. 연세대학교 교육대학원 졸업, 홍익대학교 특설 미술교육원 수료. 한국꽃문화협회 3대 이사장 역임, 한국꽃문화협회 고문. 연세대학교 사회교육원 플라워디자인과 현대경영학과 외래교수. 저서 : 공저 『문학마을』 『문파 대표 시선집 43』 외 창시문학회 동인지 등 다수.

민들레

복주머니꽃

산세베리아

으름

진달래꽃

민들레 dandelion

얼마나 힘들었기에

보도블록 틈 사이 비집고 앉아
기린처럼 목 길게 빼고
바람에 노 오란 입김 부는 민들레

양토壤土에 살리라는 부푼 가슴 보듬고
괴로움, 꽃씨 되어 멀리멀리 날아간다
창천蒼天을 떠도는 방랑자여…

복주머니꽃

녹두 빛 내려앉은 들녘
福 한 덩이 불쑥 내밀 것처럼, 반쯤 열린 주머니 꽃
천남성, 맞은바라기에서 숨죽이고 바라본다

화무십일홍花無十日紅, 사흘도 채 안 되었는데
어느새 눈물방울 매달린 꼬부라진 꽃잎
니힐리즘nihilism*, 눈으로 만진다

아직은 생기 넘치는 응달쪽 한 송이
슬그머니 내려앉는 여명黎明
하루만이라도, 하루만이라도 더…

---

* 니힐리즘(Nihilism) : 허무주의(Nihil, 허무의 라틴어).

강정임

산세베리아

고목만큼 오랜 세월

기다림에, 기다림에
하얗게 늙어갈 즈음

모래알만큼 많은 사연
몇 년 만에 빚은 꽃봉오리

샘물처럼 솟아나는 기쁨
너풀대는 옷 섶 인양 설렌다

바람은 기다림이다

으름 으름덩굴꽃

봄, 흐무러지도록 익어갈 즈음
이웃 나무 빌붙어 타고 올라가
오묘한 보랏빛, 흰 꽃 피워내고
은은한 향기 풍겨, 신세 갚는 으름 꽃

머루 다래, 무름하게 익어가던 날
덩달아 여물어, 제가 절로 벌어져
대롱대롱 매달린 채, 속내 활짝 내비치는데
차마, 그냥 돌아설 수 없어 발걸음 멈춘다

검이불루儉而不陋
화이불치華而不侈
검소하나 누추하지 않고
화려하나 사치스럽지 않다

늘씬한 바나나, 부러워하던
마음속 구겨진 생각, 털어버리고
우리나라 전통 예술성 오롯이 들어내며
당당하게 매달려 있는 으름

너는 나의 가르침이다

진달래꽃

사이판 바다 빛 그린, 파란 하늘

구룡산 중턱, 오솔길 거닐다 만난
명징한 너의 미소
발길 멈춘다

앞으로, 모로 연방 눌러대는 셔터
수줍은 듯 실눈에 웃음 띠고
바람 없이 흔들리는 붉은 꽃잎

돌아와 사진 뽑으려니
필름 없는 속 빈 카메라
수박 속, 씨 박혔듯이

마음속에 찍혀있는 진달래꽃 그 사진

눈보라 휘날리는 밤
거칠어진 검정 기둥들은
서로 부둥켜안고 속삭인다

손거울

경북 경산 출신. 계간 『문파』 신인상 당선 등단. 한국문인협회 회원, 용인문인협회 회원, 문파문학회 회원, 시계문학회 회원. 한국서예가협회 초대 작가. 한국아카데미미술협회 서예 초대작가, 숲 해설가. 저서 : 수필집 『구구야』 『울 엄마 치마끈』, 공저 『바람이 창을 두드릴 때』 외 다수.

겨울 숲에서

군불

벌초

고향

간 갈치

겨울 숲에서

아름다운 꽃 피던 가지, 소담스럽던 열매 곁을 떠났다
그 무성하던 잎새마저 사방으로 날려 보내고
지붕 없는 나뭇집 서까래만 앙상히 찬바람에 떨고 있다

잡았던 친구의 손도 멀어져 버리고
하늘 가까워진 집

짧은 낮 언뜻 햇님 지나가고
긴 밤 초병, 새벽을 기다리듯 동쪽만 바라본다

비둘기, 까치 먹구름 뒤로 사라지고
까마귀 떼 몰려와 주린 배 채우려고 까악 거린다
흰 눈 위에 쏟아낸 배설물 핏빛이다

새벽 깨우려고 기른 장닭이
시도 때도 없이 까마귀 소리 흉내만 낸다

먼 하늘에 참매 한 마리 외로이 선회하고 있다
그날이 오면 아스팔트 위 돌부처 발등 내린 눈 녹고
검은 새 떼 벼랑으로 몰려가리라

눈보라 휘날리는 밤

거칠어진 검정 기둥들은 서로 부둥켜안고
속삭인다

우리 사이 맑은 봄 물길 졸졸 트이고
떨어져 나간 낙엽이 촉촉이 젖을 때까지

기다리자
울타리에 개나리 피는 그날까지

군불

앞산 부엉이마저 숨죽인 겨울밤
싸락눈 문풍지에 부닥치는 소리 죽정이 고르는 소리
붉은 단 솜이불 밑에 초저녁 여덟 다리 옹기종기 누워
새벽녘 아랫목 이불 당기는 소리 양보 없다
이쪽으로 왔다 다시 저쪽으로 이불자락이 요동을 친다
조용히 소죽솥 뚜껑 닫는 소리
당신의 재산 아들 넷과 황소 한 마리
새벽잠 설치고
찬바람 맞서 불피우는 손길
구수한 소죽 냄새 이불속 전쟁 승자 없는 평정
새벽잠 코 고는 소리 호수의 물결처럼 곱다
살짝 문틈으로 자는 아들 평안한 모습
흐뭇한 미소로 또 하루를 연다
장닭 홰치는 소리
아버지 똥 장군 지게 냄새 보리밭 향하는 힘살 돋는다

벌초

산새도 숨이 차 울음 멈춘 깊은 골
토끼길 마저 우거져 숨어 버렸다
등 굽은 붉은 허리 소나무 이정표 삼아
힘겹게 찾아간 잔디 지붕 집 한 쌍
천 리 길 찾아온 막내
두 손 벌려 반기련만
황토 문 굳게 닫혀 기척도 없다
눈물마저 말라가는 아들
한 방울의 그리움 흘려 두고
돌아서는데
솔가지 산비둘기 한 자웅이
가을로 접어드는 고요한 산
꾸루루 꾸루 울고 있다

고향

가을바람에 흔들리는 나그네 마음
무엔가 그리운 마음 뜬금없이 찾은 고향
엄마 아버지 육체 묻힌 곳
나 또한 묻혀야 할 곳
정답던 사람 다 떠나고 빈 땅
저물녘 돌아오며 차창으로 돌아본다
조개껍질 엎어놓은 듯 골짝마다 촘촘하던 초가지붕
노랗게 단장한 지붕에 선 굴뚝은 뿌옇게 졸고 있다
피어오르는 저녁연기 사라지고
콘크리트 단지로 잠겨진 철문 싸늘하다

울타리 밖으로 내민 빨간 홍옥 가지
새콤한 그 맛 침이 가득 고였던 곳

보고 싶은 사람 떠나버린 텅 빈 땅 내 고향
내가 놀던 골목에는 늙은 나비 지친 날개 접고 있다
어둠이 내려앉은 낯선 땅 외면해 버린 고향
서산에 걸린 한 점 구름 되어
강물의 낙엽처럼 떠내려간다

간 갈치

 갈치 떨이라고 외치는 생선 가게 할배 목소리도 저물어 가는 시장 물방앗간 바퀴처럼 박자가 느려 진다 마지막 몇 뭉치 왕소금에 저린 갈치 눈이 지쳐 멀겋다

 마리 숫자는 많지만 대가리는 덜렁거린다 남은 지폐 몇 장 만지작거리며 뱃소리가 꼬로록 났겠다 뿌연 김 내뿜으며 붉게 요동치는 국밥집 가마솥

 가슴이 국 단지처럼 큰 주인아줌마 미소 막걸리 한 사발 외면 하고 여덟 식구 생각하며 생선 가게로 향하던 아버지 발길 새끼줄에 묶여 지게 끝에 매달아 가장의 체면 살린다

 아침상에 노릇노릇 익은 석쇠 숯불구이 갈치 호박잎에 싸여 분된다 목정 살은 아버지, 중간 토막은 형들 차지 마지막 꼬리 부문 막내 나의 단골

 노랗게 바짝 구운 대가리 씹는 엄마 어금니 소리 바싹거린다
 맛있게 식사하는 우리 가족 삐걱거리는 평상 가을바람이 두레 밥상 위를 훑고 간다.

하늘은 높아지고 울타리에 춤추는 호박 넝쿨 주름 사이 미소 짓는 엄마 얼굴 오늘따라 여덟 식구 갈치 두레상이 몹시 그립다

다시 만날 수 없기에 주어진 시간 아껴 쓰며 언젠가 채비 꾸려 본다 다시 만나면 빠짝 구운 호박잎 갈치구이 두레상 손수 차려볼 날 오리라 파란 먼 하늘 바라본다

언제나 말이 없던 사람
비로소 고스란히 생각해 보면
시끄러운 세상에 작은 울림이었을 흔적이었다

안일균

경기 화성 출생. 2020년 계간 『문파』 시 부문 등단. 한국문인협회 회원, 문파문학회 회원, 수원문인협회 회원. 저서 : 시집 『단단한 뼈』.

계룡산 갑사를 내리며

친구를 부둠고

거미줄을 치다

궁평리 해송

노란 의자

계룡산 갑사를 내리며

코끝에 닿는 몸살 나는 봄바람
벚꽃에 호사스런 눈길을 보내며
소풍만큼 설레는 하루가 열린다

철계단의 오르내림과
너덜 길에 휘청거리던 무릎은
삼불봉 부처님을 만난 덕에
어쩜 다들 안녕하시다

산길에 익숙한 산꾼들은
금잔디 고개로 달아나고
미련한 중생들은
갑사에서 또 번뇌를 만난다

눈을 감으면 스르르
동자승도 졸고 있을 봄바람
번뇌의 꽃비는 바람에 흩날리고

선사의 스님에게도 한 때
속세의 인연이었을 봄 물결 하나
처마 끝 풍경이 바람을 탄다

친구를 부듬고

함백산 기슭에 무릎을 꿇고
쓰디쓴 소주잔을 기울이는
웃음기 사라진 춘삼월의 초상이다

오가는 일상들은 여전한데
가는 길이 꽤나 분주한 발걸음
촉촉한 봄비라도 한바탕 내릴 듯
하늘마저 꾸물거린다

생전에 밝은 모습 잃지 않으려
액자 속에 미소진 얼굴은 더욱 애잔하다

다 남의 일만 같았는데
와르르 무너져 내리는 담벼락처럼
쏟아지는 슬픔에 목이 메인다

언제나 말이 없던 사람
비로소 고스란히 생각해 보면
시끄러운 세상에 작은 울림이었을 흔적이었다

이승이 있다면
극락이든 천당이든 편안히
영면하시길

거미줄을 치다

덫에 걸리기 전까진
알 수 없는 철저한 속임수

아무것도 없는 것처럼
실오라기보다 강한 것들을 위하여
실체는 모두 배제되어야 한다

나의 무기는 끈적함이다
불나방이나 곤충처럼 작은 것에서
외줄보다 더 무거운 것까지

아침이슬에 실오라기 젖으면
굶주림 속에서도 생명줄을 털어내야 한다
나뭇가지에 걸쳐놓은 기다림은
긴 침묵의 시간이다

혹한도 몸서리치며 견디어 내는
나의 독기를 탓하지 마라
오래전부터 내재된 극한의 인내심이요
배고픔에 지쳐 토해 내는 눈물이다

약한 것들의 마지막은
자식의 먹이가 되는 것
사랑하는 이들을 위하여
육신마저 기꺼이 던지는 일이다

궁평리 해송

한여름 뜨거운 서풍이 불어온다
해수면 위로 반짝이던 어린 윤슬들
밤이면 총총한 솔가지에 작은 별이 되고 만다

보이는 곳과 보이지 않는 허공을 가르며
해안선을 따라 울부짖는 괭이갈매기가
죽은 자의 영혼을 지키려는 초병과도 같다

모래 언덕 방풍림 해송의 앙상한 뿌리는
그물망처럼 누렇게 자신을 지상에 드러내놓고
화마가 휩쓸고 간 상처는 썰물에 씻겨가지도 못한 채
긴 세월을 머금고 녹슨은 컨테이너에 갇혀만 있다

망각의 시간은 과거를 깊숙이 밀어내고
불가마보다 더한 팔월의 불볕더위가
피서객을 해변가로 불러 모으고 있다

---

* 1999년 씨랜드 청소년수련원 화재 사고가 발생하여 유치원생을 포함해 23명이 사망함.

노란 의자

전기에 감전된 버스가
소리 없이 정거장을 지날 때마다
하루의 부피가 가슴까지 부풀어 오른다

휘청거리던 어느 주름진 눈동자는
시름시름 노란 의자 앞에서
내려놓을 수 없는 무게의 중심을 잃어가고

언덕이 사라진 도시의 한복판에
눈과 귀를 가로막는 세상의 눈은
오래전 지구를 떠나간 네모난 별이다

네트워크로 연결된 버스 정거장마다
아바타의 낯선 멘트가 무의식을 깨우고
고압선에 감전된 거북목의 사람들이
하나, 둘 땅으로 스며든다

가로등은 주인 없는 의자만 비추고
운행이 종료된 마지막 버스의 창문 사이로
흩어진 별빛들이 하얗게 내려앉는다

하늘을 우러러 한 점 부끄럼이 없기를~
그렇게 살고파

　　　　　　　- 윤동주 시인의 「서시」중

김지안

본명 김근숙. 부산 출생. 2020년 계간 『문파』 시 부문 등단, 2020년 계간 『미래시학』 수필 부문 등단. 문파문학회, 미래시학 회원, 한국문인회 회원, 문파문학회 회원, 시계문학회 회원, 한국여성문학인회 회원, 한국문인협회 회원. 수상 : 시, 수필 신인문학상(2020), 시계 문학상(2021). 저서 : 공저 『물들다』, 『가온누리(미래시학 동인지)』, 『문파시인선집』 외 다수, 시집 『초록의 눈』(용인문화재단 문예진흥기금 수혜).

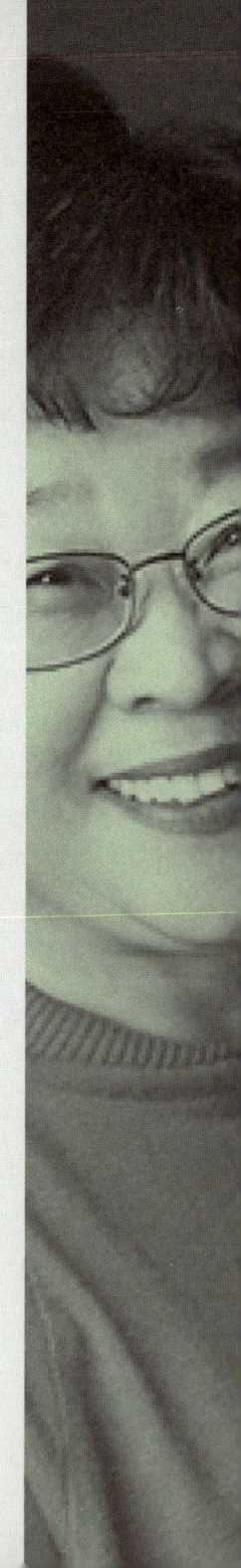

넝쿨

어두움을 헤치고

파란 하늘

하늘아

오소서

넝쿨

얽히고설켜도
뭉치를 이루고 굴러간다

구르다 보면 하늘이 보이고
간간이 햇살도 비춘다

일상이 늘상이라도
보이고 그려지는 건
멈출 수 없는 흐름, 변덕이다

마음에 그림자가 짙을수록
변명은 꼬리에 꼬리를 물어
내가 그인지, 그가 나인지 모른다

등이 얽혀 기괴할수록
보라 꽃은 연륜과 시간을 아끼지 않는다

고통 속에서 만물은 깨달음을 알고
조롱과 비난 속 늪에선 풀조차 자랄 수 없다
그늘이 짙을수록 햇살은 선명하다

삶은 넝쿨과 같고 얽힌 실타래는
감아질수록 새것의 필요를 느낀다.

김지안

어두움을 헤치고

　따뜻한 밤공기 속 감도는 음산한 기운 어깨를 짓누르는 묵직한 고통 숨 쉴수록 더 깊이 빠져드는 시간 속 긴 침묵 이리저리 몸을 돌려보지만 조여오는 것 사방이 막혀 주는 답답함 새어나 온다 가느다란 빛 조금씩 몸을 움직여 비틀어 본다 감각이 없어진 팔다리 무디다 머리를 제껴 가슴으로 숨을 몰아 쉬 본다 부풀려지는 힘으로 밀어 뱉는다 미동이 전신을 훑는 느낌 지치기 전에 팔다리로 다시 한번 짧은 시간 속 다가오는 빛에 대한 기대 마음 한켠에 자리 잡은 불안을 떨치고 이겨내라 할 수 있다 움직여 보라고 다그친다 숨이 쉬어진다 벌벌 떨며 빛 쪽으로

　저 밖에 저벅거리고 뛰어다니는 발자국 소리 요란하다 힘없이 머리를 누이고 땀 뺀 온몸 닫혀져 가는 눈 속에 스치듯 만지는 따뜻한 손길 여기 사람 있어요 외침 들으며 스르륵 눈을 감다

　어둠을 벗어난 상쾌함이 여명 속 아침노을을 보다 풀려난 자유 희망이 싹튼다

파란 하늘

들판이 파랗게 물들고
나의 입도 파랗다
산야에 널브러진
독초, 약초 야생은 모두 파래져
풀잎에 물들면 생사 구별도 필요 없다
AI에 물으면
파란 것은
모두 불사不死라고 입력하면 된다
무식하다고 누가 탓하랴
누군가 일러준다
살면 되니 구별, 비교는 끝
빨간색, 노란색, 주황색의 꽃들이
들판 가득 빛과 색을 논해도
파란 하늘 아래엔
독초가 더 아름답고 매혹적이라고
회색 하늘보다 파란 하늘이 희망적이란다.

김지안

하늘아

울지마라 보채지도
누구도 울게 버려두지 마라

꽃피고 지고 거듭된 날
걸음마다 뚜렷한 자국
푸르게 멍들고 푸석거리며
가해자도 피해자도 없던 어두운 시절의 누런 얼굴

내 몸 햇빛에선 찬란하고 눈부셨다
부르심에 따라 늘 푸른색으로 푸르름으로

기름 부으신 이여
하늘의 자손, 선택받은 자라고
수 세기를 걸쳐 폭풍과 폭우 먹구름도
하늘의 뜻이라고 믿게 하는가

그가 하는 대로 행함과 이룸을 멈추지 말라고
고통만이 해결할 용기이며
푸르고 맑다는 말이 정의라면

온 세상이 우리를 바라보고 기대하게 만들어
눈치를 살펴 무릎 꿇게 하는가

뜻이 있으면 불평도 낮이거늘
죽음도 불사할 수 있는 하늘인가?

세월이 시간 삼아 현혹하여 넋 잃은 자
불붙은 하늘 보며 읍소 한다.

오소서

님이여!

　굽은 등에 땀방울 송굿송굿 맺혀 피눈물이 되었다 흰옷의 그늘도 젖은 서러움 붉고 찌들어 샛 노랗다 중년의 건사한 사람 틈을 비집고 나오는데 두려움과 불안 가득한 모습 님이여 알고 있나이다 조금만 기다려 주시면 영창을 뚫고 검은 바닥을 바닷물로 씻어 태평양 바다로 콸콸소리 나게 보내겠습니다 눈빛이 흔들리고 맞잡은 손에 뿌드득 소리난다 그가 돌아본다 웃고 있다 손을 번쩍 들어 보이며 그렇게 함세 믿지 않음을 눈은 말하고 있다 사람들이 몰려간다 파란색이 거리를 메우고 승냥이 소리 까르릉거리며 낮은음 높은 자리표로 대지는 순간 물들어 간다 배신당한 주군은 그래도 웃는다

　魂의 민족 혼의 역사 魂魂의 백의민족 선택받은 우리다 땅이 두쪽 나도 우리는 한민족 쓰러지고 밟혀도 고개를 쳐드는 야생의 풀처럼 넘어지지 않고 한뿌리라도 살아남는다 그가 메시지를 띄운다 햇빛 들지 않는 좁은 창가에 커다란 손 세차게 휘저으며 나보다 나라를 백성을 그대들이여 보호하고 지켜라 하네 남은 자들의 몫임을 잊지 마라고 한다

　님이여 산야 곳곳에 깃발이 펄럭이고 님의 모습 활짝 웃으며

올 때 검은 때 먼지 가득한 낡은 손을 펴며 울음 기쁨의 눈물 솟구쳐

수평선 저 멀리 물안개 위로
새들의 힘찬 날개 펼쳐지면
하늘 하얀 구름 뭉게뭉게 행복의 그림자 노을에
곱게 실려 옵니다

강신덕

시, 수필 등단. 저서 : 시 『여운』 『정적』, 수필 『경제리152번지』

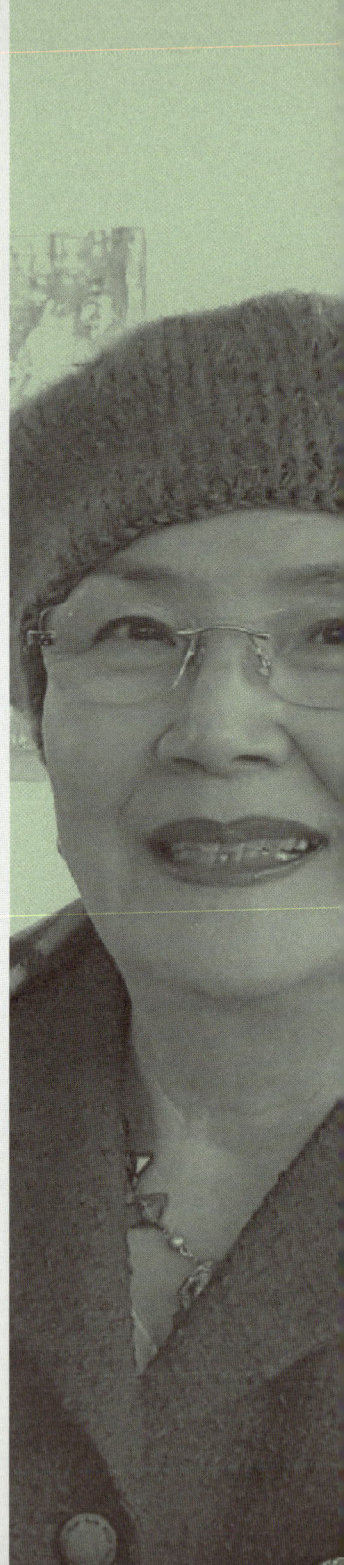

생각지 못한

향수

꽃과의 사랑

봄은

어둠의 장막

생각지 못한

바람이 몹시 세차게 불어온다
하늘 맑고 높아
바람 잔잔하기를 기다리는데
생각지도 못한 모래바람이
길 가던 사람까지 날려 버릴 듯하며
갑작스레 하늘색 검고
어디서 몰아치는 것인지
흙모래 우박
주먹 같은 눈까지 유리문을 때리니
세상이 곤두박질치는 듯 두렵다

4월을 곱게 물들이려던 목련, 벚꽃은
화들짝 놀라 피려던 잎
모두 떨구며 모래바람과 섞여
아파하며 나뒹굴었는데
생각지도 않은 찬 공기가 다시 몰려와
남은 꽃잎마저 남기지 않으니
안타까움으로 바라볼 뿐
가슴엔 슬픔이 가득해지고
속수무책인 날씨 앞에
미안함이 가슴에 쌓일 뿐이다

강신덕

향수

앞이 보이지 않을 만치 뽀얀 흙먼지 덮던
그 길은 내 어릴 적 밀물 밀리듯 피란길에 밀리며
남쪽으로 향하던 좁은 길이었습니다

그 겨울 대보름 쥐불놀이는 어디서 왔는지
남자아이들이 공터를 찾아 깡통에 불을 붙이고
한 해 무사와 안녕을 빌며 열심히 돌렸습니다

북한산에서는 여우 울음소리 긴 여운을 남겼고
초가 추녀 밑에선 참새 소리 아름답게 들렸죠
산골짝 암자에선 누런 구렁이를 키웠습니다

봄바람 불면 달래 냉이 산딸기 지천에 깔려 있었던
이곳은 서울 그리 멀지 않은 녹번리랍니다
세월이 하도 빨라 80여 년이 지났건만
내겐 진한 향수요 제2의 고향 같은 곳입니다

지금은 찾아볼 수조차 없는 아파트 촌
그러기에 내가 가고 싶은 고향은 언제일지
가을바람처럼 고운 계절에 달려가고 싶습니다
가슴에 차고 넘치도록 꽉 차버린 그리움입니다

꽃과의 사랑

하늘엔 하얀 구름 떠가고
넓은 물결은 파도로 넘실대는데
하얀 두루미 한 쌍 날개 접으며
모래밭 따라 꽃밭에 앉았습니다

연분홍 수국의 탐스러운 얼굴
덴드론의 희고 빨간 꽃망울
그 속에 절로 사랑이 곱게 움트니
평화로운 속삭임 영원을 부릅니다

멀리 녹음 우거진 산속에선
햇살 부서지는 소리
가로수 촉촉한 사이로
정겨운 바람 소리 먼 추억을 부릅니다

사방 환히 밝은 빛 전하는 꽃들의
웃음 잔치에 초대받은 듯
나비와 함께 춤으로 화답하니
길게 뻗어진 모래 언덕과

수평선 저 멀리 물안개 위로
새들의 힘찬 날개 펼쳐지면
하늘 하얀 구름 뭉게뭉게
행복의 그림자 노을에 곱게 실려 옵니다

강신덕

봄은

봄은 앙상했던 나뭇가지마다
꽃봉오리 톡톡 터뜨리며
멀리서 아장아장 오고 있다.

봄은 옹달샘마다
물방울 똑똑, 개구리 폴짝
맑은 포물선 그리며 오고 있다.

봄은 툇마루에 앉은
할머니와 고양이
사르르 눈 감기며 오고 있다.

봄은 흰 나비 함께 강가의
아지랑이 춤추면
나에겐 어린 날이 마구 달려와 안긴다.

어둠의 장막

사방 어둠으로 둘러싸인
침상 위에서 자정이 넘은 시간
몸은 피로에 감겨 늘어지는데
머리에선 고장 난 시계 소리인 듯
일정하지 않은 초침 소리 들립니다

잠을 청하는 마음은 수 시간째
길고 짧게 다시 짧은 듯 길게
조여 오는 두려움의 발자국을 안고
비명 소리 같은 세상 속 잡음과
사투를 벌이던 심장엔 어느새

하얀 밤의 서막으로 채워진
그림자 함께 차가운 땀방울이
송골 하게 맺혀옵니다

조금만 더 굴러가면
한 번도 보지 못한 풍경이
기다릴지도 모른다

김덕희

2021년 계간『문파』시 부문 등단. 문파문학회 운영이사, 호수문학회 회장. 저서 : 공저『문파 시선집』『열한 개의 페르소나』외 다수.

능개비

습설

아카시아 꽃

창꽃

빈자리

능개비

가슴으로 우는 능개비

비경은 시간이 만든 작품이다

남도 마실은 검색보다 사색을 하다

생각은 생각을 마시고

파도는 그 섬의 숨소리

반대한 결혼

영혼은 바위에 걸어두고

아비의 울음이 파도를 덮었다

습설

당신을 사랑할수록
오랜 침묵이 두려워지는

적송의 어깨 일어설 수 없이 무겁다

하늘과 산 바다는 다 괜찮다고 다독여

눈 속에서 피는 설강화처럼

산다는 것
버티는 것

사랑으로 흐르는 것을

습설이 내린 묵주 단 길에서

오늘도 둥글게 기도한다

아카시아 꽃

온 세상을 하얗게 덮고

숨겨진 이야기를 하는 너

하얀 소복이 서럽다

함부로 지워버리거나 말할 수 없는

아무도 모르는 꽃 핀 적이 없는

봄을 지독하게 괴롭혔던 최루탄 냄새도 기억 저편으로 물러가고

슬픈 하늘이 내려와 땅을 덮고 땅이 솟구쳐 하늘을 껴안는

빛을 삼킨 숲

그날은 세상이 온통 아카시 꽃상여였다

창꽃

　봄인가 했더니 밖은 춘설이 휘날리고 우리는 눈 내리는 산을 뒤집고 봄을 찾기 시작했다 선생님께 드린다고 반 전체 여학생들은 너도나도 반짝이는 눈이 더욱더 바쁘다 이별의 시간이 가까워지기 때문이다

　우리 반 담임 선생님이 오늘 지나면 여수로 발령 가신다 창꽃 꺾어 꽃다발을 만들어 안겨 드리고 가시는 선생님은 신작로 하얀 먼지 손을 흔들며 그리움만 남겼다

　몇 년 후 은사님 시집가지고 제자들에게 책과 공부 열심히 하지 않으면 왕따당한다 너희 며느리가 영어로 말하면 알아듣지 못할때 그게 어쩌면 이 세상 혼자일지도 모른다고 하신 선생님 말씀이 반세기가 지나서 땅을 치고 울 일이 생겼다 딸들은 사위와 영어로 대화를 하고 손녀는 할머니 우왈랄 영어 알 발음이 안 된다고 할머니 할머니 한다

　시대를 앞서는 선인이셨다

　창꽃은 소녀들을 기다리고

빈자리

외딴섬
따개비처럼 붙어있는 어촌마을

빈 껍데기 집이 많다

언덕 위에 빈집을 개조한 교회
십자가 위에는 성근 바람이 지나가고

세상과 건널 수 없는 바다
가로지른 이곳에 전도사 부부 개척교회가 있다
주일이면
고기잡이 나갔던 남편들
몇 년을 기다려도 오지 않은 망부석이 되어버린 두 여인과
다섯 살 아이를 둔 사모와 예배를 드린다

썰렁한 바람이 빈자리를 채운다

기도는 먼 길을 따라간다

좁은 도시로 몸을 들이밀며 속속들이
당신을 알던 그곳,
지금 눈이 내리나요

김숙경

충남 공주 출생. 2006년 『한국문인』 수필 등단. 2022년 계간 『문파』 시 등단. 『수원문인협회』 사무차장 역임. 『경기한국수필가협회』 사무국장 역임. 『동남문학회』 고문. 『문파문학』 회원. 『동서문학』 회원, 2006년 수필 부문 동서문학상 수상, 2017년 수원문학인의상 수상, 2022년 경기한국수필 대상 수상, 제10회 동남문학상 수상, 제15회 경기한국수필 작품상 수상. 저서 : 수필집 『아픔은 밀물이거나 썰물』 『엄마의 바다』, 공저 『동그라미에 갇히다』 외 다수.

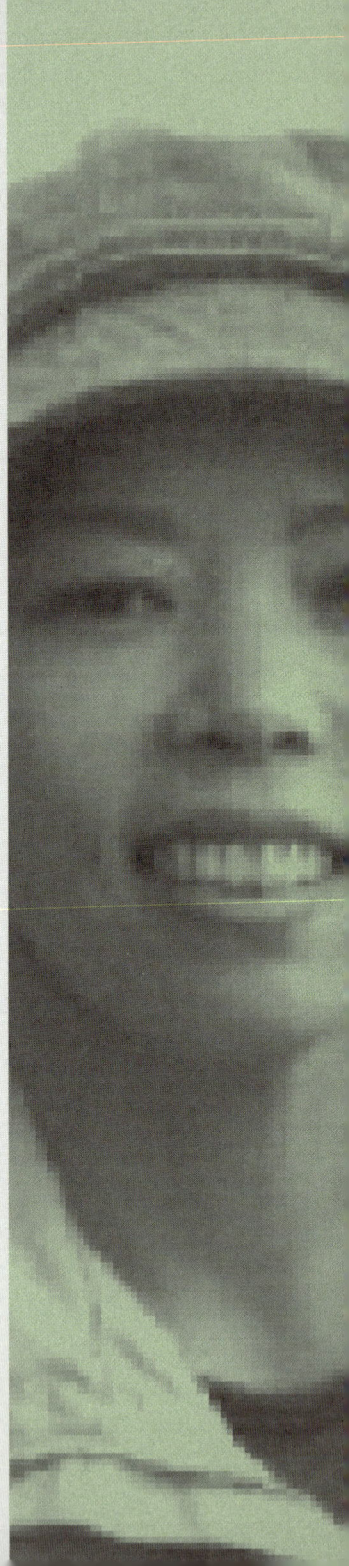

사육

식구들 전 상서

그곳, 지금 눈이 니리나요

독한 게 좋다

비가 내린다

사육

빼꼼히 열어놓은 베란다 창으로
봄이 오는지 바람이 순하다
꽃들은 누가 봐주지 않아도 족족 핀다
그림의 꽃들이다
며칠째 들어앉은 나는 가축이다
때 되면 밥을 하고 때 되면 수북이 쌓인 그릇 설거지하고
겨우겨우 연명하며 산다
침대로 식탁으로 거실로 동선의 반복
거실 바닥에 깔린 이불은 차선의 놀이터다
머리는 산발, 날마다 하는 분장도 변장도 멈췄다
이웃과도 철저히 고립되었다
한 마리 살찐 가축, 요즘
때문에 가끔은 덕분에 라고 위안하며 산다
티브이는 독점 중 월화 수목 주말연속극 다 꿰고 있다
그럴 때마다 리모컨 자동 발사
무료 영화는 덤, 손에는 생계의 끈
밤栗들이 속사포로 깎인다
날마다 관절이 꺾이는 삶의 연속
노랗게 찾아온 봄 핼쑥하다 빠르게 파도 타는 너,
날마다 두렵다 내 몸도 두렵다
살찐 가축 한 마리 열린 문틈으로 세상의 공기 들여다본다
티브이 속 코르나19, 아직도 마라토너다
봄이 또,
무참히 지나가는 중이다

김숙경

食口들 전 상서

食口들 입으로 넣을 편지를 쓴다 끼니 마다 때 마다 무얼 입 속으로 입힐까 고만고만한 찬과 밥 편지지에 옮기는 중이다 지펴진 불 위로 내 살점들이

수제비를 뜨는 이른 저녁
도마 위 낭랑한 재료들
감자 무 두부 어묵 몇 장
섞어찌개가 될지 되직한 국이 될지
글이 되어야만 알겠다 빗소리처럼 끓고 있는 한 행의
언어들이 엄마를 대신한다 생각하면 우울한 식구들,
깊이 생각하지 않기로 했다
식구들의 전 상서가 되는 한 끼 밥이
슬픔과 맞바꾸는 거룩한 편지가 되었으면.
점화된 불꽃들 잠시 소강상태
쪽지 같은 하루 식탁에 올려놓고
돌아간다

그곳, 지금 눈이 내리나요

첫눈이 온다는 소리에
여름내 비 맞아 빽빽해진 베란다 방충망을 힘주어 젖혀봅니다

뿌연 하늘이 노화된 시력 탓 같아
눈을 훔쳐봅니다

싸락눈 진눈깨비를 잔뜩 머금은 하늘
첫눈을 기록할까요

무연히 바라보는 유리창 너머 허공
마음은 묵정밭 같습니다

눈이 오면 시집와 평생 살아온 집을 등질
어머니의 무거운 발걸음이 보입니다
약속한 대로 떠나면 그곳은 다시 못 올 이별의 장소가 될 테니까요

한 집안의 역사가 허물어지는,
혼자 남아 더는 감당하기 힘든 일이 되어서겠지요
죽어서야 지아비와 같이 묻힐 그곳
그때나 다시 돌아올 곳
이곳일 것입니다

좁은 도시로 몸을 들이밀며 속속들이
당신을 알던 그곳,
지금 눈이 내리나요

김숙경

독한 게 좋다

우렁우렁 보일러는 돌아가고
유리창에 비치는 빛은 푸르니 창백하다
커피포트에 빨간 물이 끓고
머그컵 안에 노오랗게 맑은 생강차 몇 스푼
뜨거운 수증기 뿔처럼 허공에 닿고
휘젓는 손 위로 달큰한 생강 냄새 핀다
이게 몸에 좋대
이게 코로나 예방에도 좋대
머리칼 젖은 채로 후다닥 나가버리는 딸
내 남은 말들이 현관 틈에 안쓰럽게 끼어있다
거실에 크게 누워 입안에 떠 넣어줘야
마실 것만 같은 그도 고개 젓는다
무슨 독약이라도 탔나 거부하는 저 몸짓들
이 집 사람들은 좋은 게 좋은 걸 모르고 산다
나는 쓴 약 같은 이런 것들이 좋은데
계피 생강 쌍화 유자의 강한 향 독한 향
강렬한 언어처럼 둥근 독,
나는 독한 게 좋다

비가 내린다

근조라고 쓴 차가 울음을 한가득 싣고 간다
무수한 슬픔을 싣고 부렸을 장례식장 버스,
오늘 그 안의 눈물은 누구일까
이생이 힘들어 저 생으로 떠나는
누군가의 부모일까 형제자매일까
그 삶을 기억하는 사람들의 비장한 오열인 듯
버스의 뒷모습은 묵직하다
가장 아픈 이별을 치른 사람들
그 격한 슬픔에 닿았을 심장을
손바닥으로 치는 법을 알았다
비상등을 켜고 차선을 조금씩 밟으며
이동하는 흐릿한 속도에
다시는 뒤돌아 오지 못할 세상을 점찍고 있다
알 수 없는 사람이 가고
또 알 수 없는 사람들의 이별할 의식
떨어진 한생의 꽃에게
애도의 비가 내린다

김숙경

오늘도 이국의 낯선 국경선에서는

피에 절은 혼령들이

떼를 지어 허공으로 날아오른다

훠이훠이

하얀 학이 되어

안윤자

시인. 수필가. 1991년 『월간문학』 등단. 가천대학교 일반대학원 국어국문학과 졸업. 前 서울의료원 의학도서실장. 대표에세이문학회 회장 역임. 문파문학회 동인. 저서 : 수필집 『벨라뎃다의 노래』『사대문 밖 마을』외. 시집 『무명 시인에게』역사장편소설 『구름재의 집』집필 『서울의료원 30년사』『경동제약 30년사』논문 『윤동주 시 연구』외. 수상 : 올해의 수필인상(2025) 가톨릭평화방송·평화신문공모 대상(2020).

복악 아래 노천카페

정이 가는 사람

백학

북악 아래 노천카페

옛 조선의 육조거리 광화문광장
고적한 에움길 노천카페
에스프레소 한 잔을 시켜놓고
유황처럼 피어오른 연기를 흡입한다

첨단과 복고가 나란한 북악 기슭은
세월을 한껏 뒤로 물린 타임머신
저 산 저 바위는 육백 년 전 그날도
저 자리를 정히 지켰거늘

한 잔 술도 넘기지 않았는데
아편 내처럼 혼곤히 퍼진 취기 속에
천 근 같은 한숨 소리를 듣는다
소멸한 역사가 뱉어내는 가래 소리를

저문 해 뉘엿뉘엿
인왕산 봉우리에 앉혀있는데
무악재 넘어 성문 밖의 여보게나
고만 길을 재촉하구려

안윤자

정이 가는 사람

순한 사람이 좋아요
잔정은 많고
말수는 적은 사람
부끄럼에 가끔은 볼이 발개지는
눈매엔 이따금 이슬이 어리고
가만히 한숨을 숨기는 그런 사람이 좋아

실화 하나로 열 개를 떠벌리는 사람보다
열을 품고도 티가 없는 그런 사람

오랜만에 만나고도
선뜻 밥값을 계산해 주는
그런 사람이 좋아

약은 사람은 싫어
목청 큰 사람은 딱 질색이야

그런 친구 만나고 돌아가는 발걸음은
무겁고 허전했다
열 번도 더
친구에게 밥을 사주는
그런 사람이 나는 좋아

백학

땅 뺏기 구슬치기를 하나?

시베리아 북극곰이
옆집 친구에게 시비를 걸었다
따발총 세례를 마구 퍼부어 대며

신인류가 살아가는 금세기에도
전쟁터 주력 무기는 AK-47 소총과 탱크 부대
격전지의 참상은 참혹한 주검의 행진이 되고

애초부터 순서가 매겨진
화려한 전승 기념일의 파티를 꿈꾸며
새하얀 대리석에 죽은 병사의 넋으로 새길
붉은 전승 기념비를 세우기 위해서
북극곰은 광란의 칼춤을 춘다

오늘도 이국의 낯선 국경선에서는
피에 절은 혼령들이
떼를 지어 허공으로 날아오른다
훠이훠이

하얀 학이 되어

요즈음 새벽마다 소망을 품고 기도드린다
하루하루가 소중하게 다가온다
예전에 느끼지 못했던 삶의 향기를
누릴 수 있어서 감사하다.

이자숙

경기여고 졸업, 이화여대 가정대학 식품영양학과 졸업. 『한국문인』 수필 부문 등단(2003년), 『문예사조』 시 부문 등단(2006년). 이화여대 동창문인회 부회장 역임, 이화여대 동창문인회 감사 (현재), (사)한국기독 문인협회 회원, 호수문학회 회장 역임, 문파문학회 회원. 저서 : 수필집 『늦은 비』, 시집 『달빛 품은 그대』, 공저 『한국대표 명수필 선집』 등 다수.

설국 여행

정순 언니

6월의 향기

옥수수

안경집

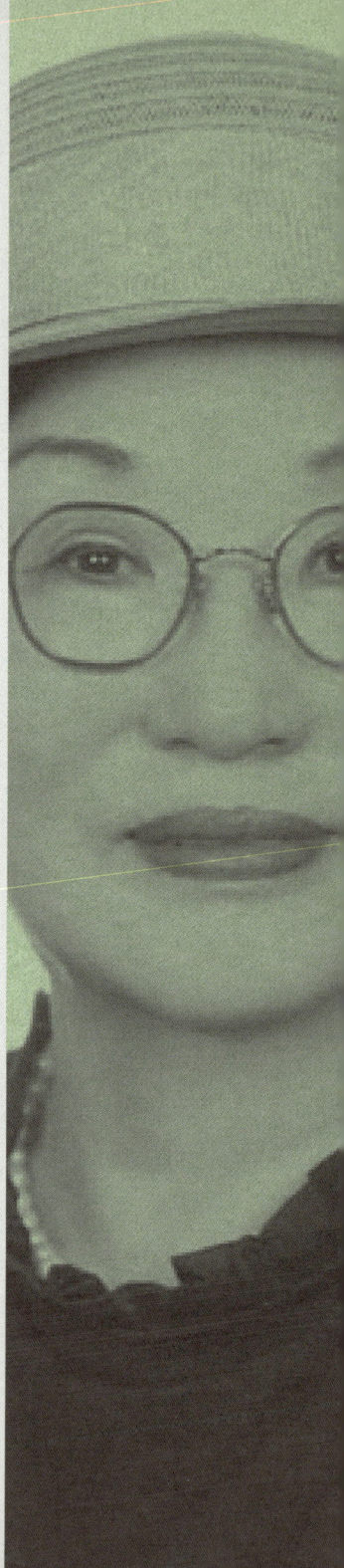

설국 여행

트렁크 들고 트랩 오를 남은 나이
다섯 손가락 꼽기 바쁜데
눈앞 전개될 설국 가슴 부푼다

설원 속 달리는 신칸센 열차
희망의 미래 열어주고
가득한 염려 날려 보낸다

설경 속 츠루노유 온천
하얀 물 머금은 노천탕
유황 냄새 속 원시림
눈발 속 사람은 형체로 느낄 뿐

눈 쌓인 유자와 거리
가와바타 야스나리를 기념하는 설국관
'국경의 긴 터널을 빠져 나오자 설국이었다'
첫 문장이 액자로 걸려 있다
칠순의 야윈 모습의 초상화
작가의 고뇌의 흔적 가슴 저리게 전해지고

다자와 호숫가의 디스코 동상

이자숙

영원한 아름다움이 호수의 수호신으로 변신
빼어난 외모의 가이드와 잠시 혼선 일으키기도

낯선 세 쌍의 부부가 함께한
즐겁게 어울렸던 눈부신 눈 속 여행.

정순 언니

예순 해 넘기고서야
교회 로비에서 조카딸과 해후
다행히 그녀가 먼저 알아보았다
아련하게 떠오르는 정순 언니 모습이다

6개월 된 딸 등에 업고 친척들과
자유 찾아 서둘러 찾아온 남한 땅
뒷정리하고 오겠다던 남편
삼팔선 막혀
체념의 주름만 늘어가고
눈물의 기도로 견디어 온 세월

한평생 복음 전도와 전쟁고아 돌봄 사역

잘 자라 준 딸
미국에서 다복한 가정 이루고
어머니 모셔갔다

얼굴도 기억나지 않는 아버지 만나려
남편과 북한 땅 밟았다
목을 감싸안은 혈육의 온기 품고 돌아왔다

이자숙

한평생 가슴 속 묻어둔 그리움의 옹이
통증 되어 저릴까 봐
임종 앞둔 시각 귀에 대고 뵈었노라 전하니
얼굴에 평안히 번지면서
천국 문 들어가셨다고.

6월의 향기

열리지 않아도
기다림의 세월 길어 진다 해도
막막하지 않음은
네 안의 빛 보았기 때문

열리지 않는 문 앞에서
정의로운 외침 메아리 되고
목적지 향한 힘찬 질주
최선 다한 너의 모습

눈앞의 꿈 내려놓고
두 손 잡아 주었더라도
준비 안 된 둥지
지금은 때가 아님을

궁극의 선 이루기 위해
모순의 유용함 일깨워 주신 그분

이 땅의 어둠 걷히고
열린 문으로 6월의 장미 향기
소리 없는 빛으로
밝은 새날 밝히리.

이자숙

옥수수

상자 열어보니
강원도 문막 찰옥수수 가득하다
7월 땡볕에 이사 왔다

친구의 사랑의 손길 받고 자란
윤기 나는 먹음직스런 모습
저녁 식탁은 너 한 소쿠리로 풍성하고

은근한 향기에 옛 기억 떠올라
어릴 적 외할머니가 텃밭에서
식구 수만큼 따다가
연탄불에 갓 쪄낸 그 맛이다

친구의 땀방울로 너는 튼실하게 자라
은근한 향기 품은 채 사랑을 전한다

안경집

서랍 열면
아버지의 집이 담겨있다
아버지가 얼굴을 새겨 놓고 가셨다

나는
그 집을 이따금 들여다본다

아침이 되면
가장 먼저 문을 여시던 집

어머니의 칠순 생신날
보름달 환한
늦가을이었다

아버지가 본향 향해 가신 날이었다

그 집에 도착하면
두고 온
안경집 찾으실까?

이자숙

사과 속살 베어 물고 귀뚜라미 귀뚤귀뚤
나는 하늘과 땅을 오르내리고 있네

김연옥

호 : 자운. 청주 출생. 문예사조 '시' 신인상 당선. 한국방송통신대학교 국어국문학과 졸업. 용인문협 회원, 시계문학회 회원. 2013년 정조대왕 서예대전 사군자 입선. 2020년 용인시민백일장 장려상. 2021년 제53회 신사임당의 날 기념 예능대회 장려상 수상. 2022년 제54회 신사임당의 날 기념 예능대회 입선 수상. 2022년 제12회 대한민국 독도 문예대전 입선 수상. 2023년 문예사조 사화집『아름다운 동행』우수상 수상. 저서 : 시집『수선화 차임벨처럼 울리다』, 공저『오래된 젊음』『그대 너는 오늘도 예쁘다』외 다수.

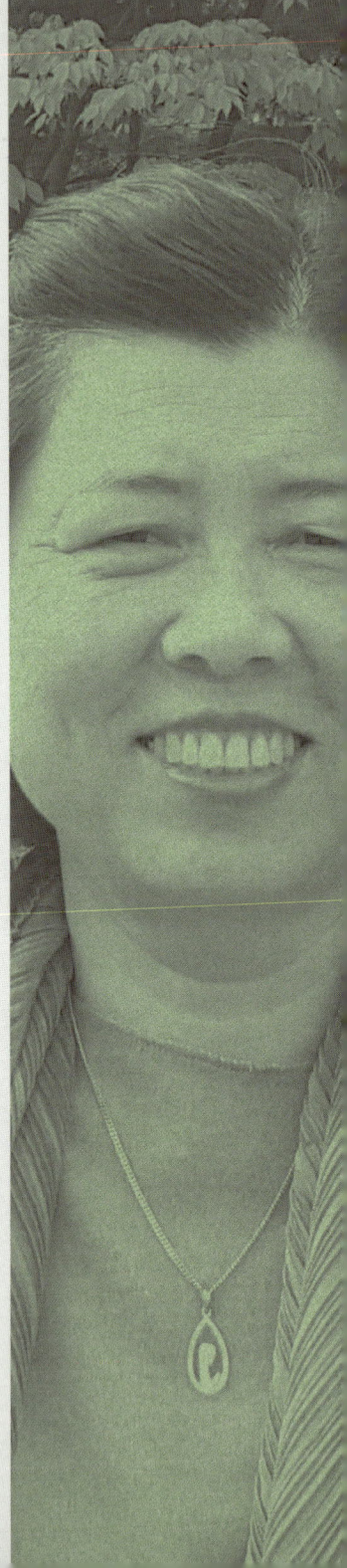

낡은 의자

통곡의 나무 초록으로 물들다

사과를 먹으며

할머니와 홍시

아버지의 나무 지게

낡은 의자

나와의 은밀한 동거는
십오 년이 지난 시간 속
모든 순간의 너였다
먼지가 쌓이고
삶이 녹아 있는 흔적

어느 고풍스러운 카페
한구석의 의자처럼
오래된 너라서 좋았다
너와 함께 시의 날개를 펼치며
희망으로 가는 길에 앉아 있다

너와 함께 세상을 품고
유혹의 발길을 멈추게 하고
낡은 의자에 앉은 채
유리창에 비친 너와 나
서로를 바라보며 빛으로 물들어 간다

김연옥

통곡의 나무 초록으로 물들다

저녁 무렵
분주한 발길로 아파트 들어서니
나무들이 고통스럽게 신음 소리를 낸다

12월 나무줄기와 가지가
잘려 나간 흔적들이 휑하다
새들이 노래하던 보금자리도 사라지고

추운 겨울 지나고
봄이 찾아오자
메마른 나무들 사이로
새잎이 돋아난다

뿌리에서 껍질을 뚫고 솟아오른 생명
나뭇가지에서 연초록 싹이 나오고
봄꽃들이 피어
새들이 날아와 즐거운 작은 음악회를 연다

가지치기는 나무의 건강을 위함이다
고른 성장을 위한 선택
햇살과 바람을 마시고
아픈 만큼 자라는 나무
찬란한 봄빛 아래 초록빛이 가득하다

사과를 먹으며

농장에서 가져온 사과 한 상자
그대 따뜻한 마음을 열었네

햇살 머금고 양지바른 곳에서 자란
사과는 처녀 볼처럼 터질 듯 붉고

빨간 열정이 배어 있는
사과를 한입 베어 문 나는

파아란 하늘을 올려다보며
감사 기도한다네

오늘도 창밖은 고요하지만 사과나무는
빈 몸으로 차가운 바람을 맞고 있겠지

사과꽃 하얗게 날리던 봄이 지나고
햇살 따가운 여름도 지나고

가지가 휘도록 열매를 달고 있는 엄마 나무
'똑똑' 사과 따는 소리에 얼마나 놀랐을까

사과 속살 베어 물고 귀뚜라미 귀뚤귀뚤
나는 하늘과 땅을 오르내리고 있네

김연옥

할머니와 홍시

감나무 가지에 묵상의 그늘이 흘러내린다
까치는 가지에 달린 홍시를 분주하게 쪼아먹고
자유롭게 날아서 어디론가 가버린다
붉디붉은 연시를 항아리 속에 넣고
추운 겨울이면 하나씩 다디단 홍시를 꺼내 먹는다
지난날 할머니가 항아리를 열어 꺼내주시던
고향의 향기가 피어나 추억의 들판을 들락거린다
조용히 흘러가는 강물이 텅 빈 내 가슴에 들어와
메마른 마음을 적시며 할머니 숨결을 전하고 있다
어느 유행가 가사처럼 생각나는 홍시
울 할머니 생각이 난다
올가을에도 그 감나무에는 주렁주렁
붉은 감이 다투어 열리겠지

아버지의 나무 지게

고향집 낡은 지게 하나
뿌옇게 쌓인 먼지 속에서
아버지의 체취가 숨을 쉽니다
추운 겨울을 따뜻하게 지내기 위해
나뭇가지를 지게에 잔뜩 지고
좁은 비탈길을 오르내리며
땀방울 흘리시던
아버지를 보았습니다
버거운 등짐에 짓눌렸던
고단한 삶의 무게
한평생 습관처럼
낡은 지게 하나에 남기고 가신 슬픈 그림자
바람 소리에 들려오는 무언의 크신 사랑
가슴속에 메아리쳐 울려옵니다

김연옥

시향의 설레는 가슴앓이
내 마음에 반짝이는 반딧불이 되어
오래 머물기를 바래본다

임복주

창시문학회 회원.
한국 채색화 회원.

보스턴 강가

봄의 에테르

별 바라기

겨울 바다

보스턴 강가

유난히 푸르고
맑은 날 태양과 섞인 바다
몽환적으로 자연이 연출 한다.

입소문으로 유명해진
고딕양식의 엔틱 향 진한 그곳
세계의 청춘들을 불러들여 카페테라스는
이른 아침부터 열기로 여행자들은 설렌다

유유자적 바다를
가르는 페리를 바라보며
강바람을 맞는다

수많은 사람들의 숱한 사연
내 지나온 삶의 발자국 흔적 없이
파도에 휩쓸리고 사라진다

반짝이는 꿈을 안고
날아온 여행 막바지에 접어들며
빛바랜 우울까지 비워 버리고 훨훨
날아간다.

임복주

봄의 에테르

흐드러지게 핀 꽃잎
흩날리는 봄바람 냄새 지독한
오월의 센츠럴 파크 호숫가 옆 벤치
작은 오솔길 수많은 사람들

넘치는 꽃 내음
투명한 빛을 향해
얼음조각처럼 통통 튀어 오르고
햇살의 수채화다

밤새 달뜬 가슴앓이
텅 빈 마음도
봄빛 따라 일렁이며
쉬어간다

별 바라기

낮에 가끔씩 비추던
햇빛도, 잠시 데크에서
바라본 긴 겨울밤 별 바라기
고요 속 유난히 시리고 맑다

칠흙의 하늘
소란한 세상의 잠음
보이지 않고 멀리서
희미한 별만 깜박인다

이 땅에서 일어나는
어지러운 절망의 일

칼바람의 차가운 거리에서
아랑곳하지 않고 시린 손 불며
옷깃 단단히 여미는 사람들의 물결
불투명한 미래의 혼란 속에
내 영혼의 균형이 흔들리는 나날들

깜깜한 어둠 속에서도
반짝이는 작은 별처럼
푸르고 붉은 두 물결 하나로 만나
흘러갈 수 있을까

임복주

겨울 바다

새벽 새해 아침은
유난히 맑고 칼바람이 매섭다
자연이 연출하는 경이로움을
마주하기 위해 그곳으로 간다

겨울 바닷소리
소망을 기도하는 수많은 사람들
그 위에 포개지는 숱한 사연들
파도에 밀려 멀어져간다

수평선에서 만나는
일출의 섬세한 황금빛 향연
거침없이 뿜어내는 파도 소리

그 위에 찾아오는 일상

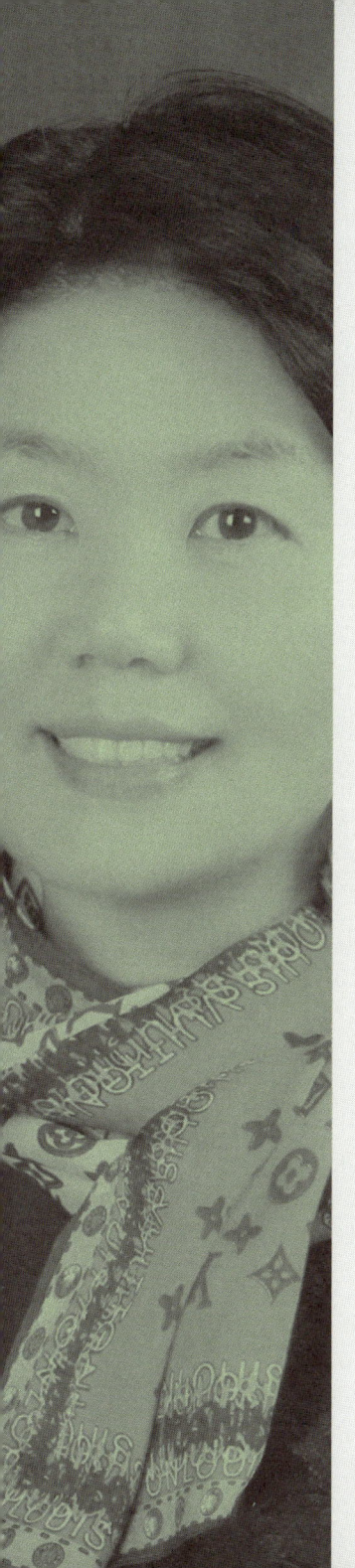

혼잣말처럼
당신의 희망 사항을
말로 하면 어쩌나요
내가 마법사가 되게 해달라고
나도 빌고 있네요

김경미

전남 화순 출생. 2023년 계간 『문파』 시 부문 등단. 동남문학회 총무. 저서 : 공저 『보이지 않아도 보고 들리지 않아도 듣는』 외 다수.

마법사

갈팡질팡 봄

배터리 방전 90

삶은 달걀

선택의 역설

마법사

지금 가슴 속에서 방망이질 치고 있네요
우리가 처음 만났을 때는 설레서 가슴이 두근거렸었는데
주꾸미볶음을 먹다가 빨간 것이 주르륵 흘러내릴 정도로
혼비백산이네요
복슬복슬한 어린 진돗개를 당신이 설레며 들이는 날
난 질투가 날 정도였지요
집에서 기르던 불독 강아지들은 새로 들온 강아지를 적으로 인식하고 있는데
 진돗개는 사냥개의 특성이 날로 자라고 있고
 덩치로 치면 프렌치 불독의 3배쯤인데
 오죽했으면 말로 타이르겠소만
 위에서 짓누르면 불독은 그의 다리 밑으로 사라져 버리는데
 위에서 몸으로 누르고 날카로운
 이빨로 물어뜯으면 절대 놓지 않는데
 같은 집에서 동거할 조건이 안 되는데
 데스매치 하는 게 아니라면
 말이 아니라 선택만 남았는데
 혼잣말처럼 당신의 희망 사항을 말로 하면 어쩌나요
 내가 마법사가 되게 해달라고 나도 빌고 있네요

갈팡질팡 봄

구부러진 어깨가 앞으로 더 쪼그라드는데
간지러운 봄 햇살이 남성리 창 너머로 슬그머니 손을 내밀고 있다
다음날 입춘에 앞을 분간할 수 없는 폭설이 쏟아져
겨울 속으로 내 던져졌다
잘 나가던 우리나라도 소꿉놀이가 전쟁놀이로 바꿔치기 되어
소꿉놀이를 즐기던 대통령은 구치소에 앉아 있다
나는 한강의 책을 붙들고 앉아
반짇고리를 무릎 아래 끌어당겨 침침한 눈으로 실을 꿰고 있다
하얀 나비 파랑 나비 날아가는 무명천에
붉은 실로 옭아매면 구멍 난 하늘이 메워질까
저 파란 카펫 위의 한 강 작가가 나긋나긋한 목소리로
힘주어 말했던 민주주의가
다시 빛을 낼 수 있을까
광주 항쟁이 제대로 읽혀질까
여순사건, 제주 4·3 사건이 위로받을 수 있을까
2025년 4월 4일 사시 대통령이 파면 되었다
긴 겨울이 지났다
밭 갈러 나가야겠다

배터리 방전 90

주말 시골살이 3년
아랫집 베테랑 언니 씨앗 값도 안 나오는 농사 포기하란다
농약 통도 없는 초보 농부에겐 복숭아 살구 자두 앵두나무도 손절한다
나무들에서 수확하는 과일은 10개 미만이다
타이틀만 남은 주말 농부다
수확물 대신 쓰레기만 산더미다
새벽종을 울리며 치우기 시작한 쓰레기
차고를 가득 채우고
나는 찬물만 들이키다
하루해가 저물었다
남편과 강아지들 쓰레기 생산자들은 에어컨 아래 둘러앉아
꾸벅꾸벅 졸고 있다
땀에 절어 생산자들 저녁밥 챙겨주고 드러누웠다

월요일 아침
하루쯤 지난 물풍선처럼
손발이 주글주글 부어있다
천근이나 되는 발을 다독이며 출근했다
에어컨을 켠 지 한 시간쯤
바닥에 물이 새어 나오고 있다
배수펌프 스르르 멈춰 버렸다
나도 스르르 눈 감기기 전에 공진단을 긴급 투약했다
스트레스 생산자들과 거리 두기하고 싶다

삶은 달걀

할머니 한 분이 무릎을 절뚝이며
개나리 같은 웃음 가득 안은 채
까치발을 들고 접수대에
조그만 비단 보자기를 펼쳐 보인다
그 안에 새벽부터 준비한
뜨근뜨근한 달걀 다섯 개
깨소금 한 줌

단숨에 육십 년을 뛰어넘는
봄 소풍 현장으로 데려간다
김밥과 삶은 달걀 깨소금과 칠성사이다
소풍 가방의 전부였지만
진달래꽃 머리에 꽂고 개선장군처럼 행진했던 시절
아지랑이처럼 아른아른 입가에 미소를 만든다
그 할머니의 무릎 침 한 방으로
개선장군처럼 씩씩하게 걸을 수 있으면
참 좋겠다

김경미

선택의 역설

초복의 찜통더위가 휴가를 부채질한다
강아지들도 에어컨 아래 납작 엎드려 있다
휴가 전 평균 140개의 웹페이지를 열람하는 시대다

선택의 자유가 혼돈을 가져오고
눈과 손가락을 미로로 밀어 넣는다
승무원도 도착지를 모르는 미스터리 항공권 4분 만에 매진
도착지는 쉥겐 지역???
비밀 여행지
미스터리 여행
길을 잃자
햇빛 찬란한
쇼핑 성지
동쪽 어디든 계획 없이 떠나 볼까
연인들을 위한
인디언식 작명처럼
'미스터리를 삽입해 설렘을 유발시킨다'가 상품 진열대 위 후광을 발하며 올라있다
　더 큰 바보상자가 열리고 있다
　나는 모든 웹페이지를 닫고
　산골 주말주택을 선택했다

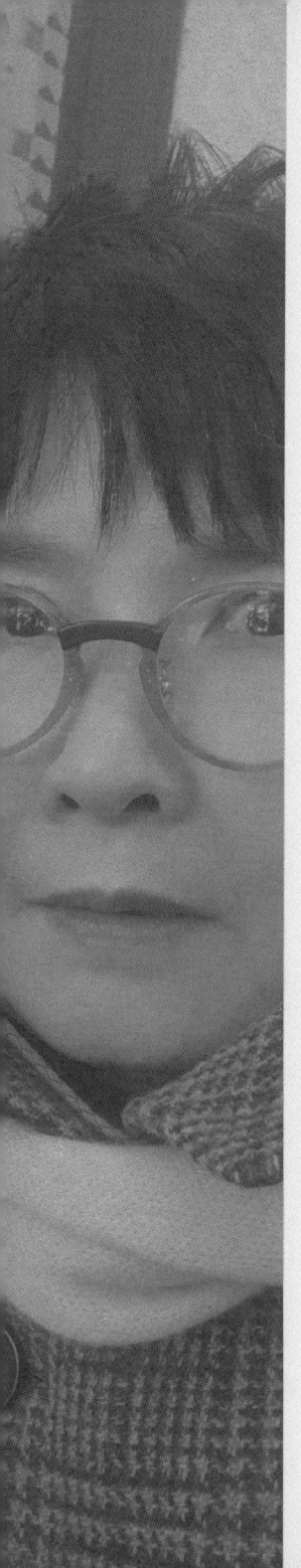

광활한 세상이 빛으로 가득한 것은
어제의 끝을 검게 불태워
오늘을 비추는 까닭입니다

이유숙

2023년 계간 『문파』 시 부문 신인상 등단. 문파문학 회원. 호수문학회 회원. 저서 : 시집 『당신은 달빛입니다』, 공저 『다시 가슴이 뛴다』 등.

가는 오늘

덤

육지의 고래

햇살 맛사지

휴면 전화기

가는 오늘

밤은 그림자 없는 정전입니다
저녁이 짙어갈수록 밀려오는 졸음은
오늘과 이별해야 하는 아픔을
눈감고 진정시키려는 겁니다
부산하던 육체의 플러그를 뽑으면
어둠 속에서 죽은 듯
덩그마니 혼자 눕혀진 몸 위로
내일이 덮쳐 와 오늘을 벗겨내고
다시 돌아올 수 없는 순간순간이
수많은 어제로 포개져
연륜이라는 나이테로 쌓여만 갑니다
다행히도 눈을 떴을 때
광활한 세상이 빛으로 가득한 것은
어제의 끝을 검게 불태워
오늘을 비추는 까닭입니다

덤

햇살도 바람도 푸르른 날을 택일하여
변두리 숲세권으로 이사 가는 날
소음은 벗겨지고 한적한 냄새가 살아납니다
벚나무와 소나무는 데려오지 않았는데
떡하니 창 앞에 먼저와 있습니다
아직 집들이 초대장을 돌리지 않았는데
라일락 향기가 허물없이 방에 들어옵니다
초저녁이면 소쩍새와 뻐꾸기가 귓전에서
살구가 익어간다 계절을 알려옵니다
들고 온 계약서는 그대로인데
생각보다 덤이 많이 따라붙어 어안이 벙벙하지만
무르지는 않겠습니다
추가된 풍경 값은 어디에 지불해야 할까요

이유숙

육지의 고래

아스팔트 위를 헤엄치는 육지의 고래
길가에 갈피를 잡으려는 사람들을 빨아들인다
집채만 한 각진 모습 덩치만큼 속도 넓어
편식과 낯가림 없이 소박한 무리를 품어
어디서 왔을지 모를 이들이
너른 오장육부에서 다소곳이 섞인다

이마에 붙여놓은 기호는 믿음의 표식
머릿속에서 굴러다니는 생각은 다르지만
몸이 가고자 하는 방향이 같다는 이유로
한 배속에 밀착되는 거리를 허용하고
대중들 말없이 어우러지는 공간

앞으로만 항해하는 고래가
한 발짝 앞에서 야속하게 떠나더라도
아쉬워 말자
돌고 돌아 다시 올 테니

햇살 맛사지

벤치 위에 길게 누워 있는 햇살
볕 흠뻑 적셔진 자리에 궁둥이 붙이고 앉으니
따뜻한 온기가 살포시 내 어깨를 짚는다
내밀한 옷 속을 파고들어
뒷목부터 등줄기를 오르내리며
자근자근 뼈에 붙은 살을 후끈 주무른다
집에서도 받지 못한 호강을
티 안 나게 누리는 은밀한 시간
옹송그렸던 몸을 부침개 뒤집듯
이쪽저쪽 돌려가며 지진다
효자손같이 속살거리는 정성이
어찌나 마땅하던지
눈까풀도 느슨하게 풀려 내려온다
햇살에 푹 담가 개운해진 몸
어깻죽지를 돌려가며 한껏 기지개를 켜
노곤함 그 자리에 벗어 놓고
유유히 일상으로 돌아온다

이유숙

휴면 전화기

지루함이 익어가는 오후
핸드폰은 하품만 하고

언젠가 만난 적 있을
앞으로 만날 수 있을
속 모를 군중들이 고여 있는
촘촘한 전화번호들

쉬이 털어버릴 수 없어
내버려둔 사이가 수두룩
숫자는 또렷한데 얼굴은 흐릿해져 간다

인정이 오가는 목소리 적막한데
AI 호객 음성이 살갑게 달팽이관에 붙었다
두더지처럼 사라지면
텅 빈 고독은 골이 깊어진다

바쁠까 봐 불편할까 봐
마음 길은 핑계가 무성해
우리는 서로를 격하게 배려하다
배제되어 간다

내 안의
빛바랜 마음 한 조각
조심스레 꺼냅니다.

이정권

경희대학교 영문과 졸업. 1977년『고황지』수필 등재, 2024년 계간『문파』여름호 등재. 호수문학회 회원. 저서 : 공저『다시, 가슴이 뛴다』,『시에게 묻는다』. 수상 : 중산정보도서관주최 시낭송대회 우수상.

임종

황혼 노래 교실

한 줌의 흙

진해 군항제

초록 숨결

임종

느닷없는 신음이 목줄기를 조여오고
부어오른 두 발 거칠어진 숨소리
늦겨울 아침 찬 바람을 뚫고
응급실 앞에 닿았다

병상에 몇 달 헤어나지 못한 나날
게슴츠레 눈동자엔 아련한 기운이 감돌고
막 태어난 증손주 사진 보며
"아이고, 그누마 참하게 생겼네. 한 번만 안아봤으면…"
못내 아쉬움에 이말 저말 주저리 흘리시던 그날들

그러다 여름 새벽 미명의 전화 한 통
임종 면회 오라는 말 한마디
하늘을 향해 조용히 감긴 눈
피어 있던 잔주름조차 사라진 말간 얼굴
그분의 시선은 이미 저 먼 곳
사랑한다는 속삭임
가슴에 가만히 안은 채
엄마는 평온히 길을 떠났다

하얀 세마포로 갈아입으신 몸
이 땅의 모든 아픔은 뒤로 하고
마치 꽃길을 걷듯
그분 곁으로 가시는 길
환송의 노래는 먼발치에 남겨두고
아무 말없이
긴 여행을 시작하셨다

황혼 노래 교실

책상 위에 애창곡 목록
노래 한 곡 시작되면 굴곡진 인생
파도처럼 밀려온다

가사보다 진한 사연 음정보다 깊은 감정
굵은 주름 따라 흥겨운 가락
한켠에 쌓여있던 우울함
어느새 감칠맛 나는 소리
그 속으로 스며들어 위로가 된다

종착역 향하여 묵묵히 걸어가는 여정
이런 삶도 괜찮은 걸까
무대 위 여전히 수줍은 얼굴로
노래하는 백세 노신사

단 하나뿐이었던 오라버니 떠올리며
그리움이 눈물로 번지고
슬픈 가락에 녹아든 세월
삶의 깊이 배어든 목소리로
할머니는 오늘도 노래한다

평생 장구 리듬 갈고 닦은 솜씨
몸짓 속에 살아나고
마이크 감싼 손목 덩더끼 덩따 가락에 취해

이정권

흥에 겨운 여인의 모습

각자의 사연 떠올리며
세상 풍파 마주한 고운 얼굴들
노을빛 속에 조화롭다

한 줌의 흙

온열 가스는 거대한 열 가위가 되어
대륙의 테두리를 조용히 베어낸다
티도 없이 들이친 열기
바다였던 듯
세계지도의 선이 슬그머니 사라졌다
식지 않는 열기 아래
지구는 조용한 몸살을 앓는다
난도질당한 상처는
말없이 깊어만 간다
익숙한 손길로 이어지는 가위질
버티던 땅은
조금씩 아주 조금씩
물속으로 사라진다
바다는 묻지 않는다
그저 다시 섞어버린다
개미 떼는 땅굴에서 끝을 맞고
보랏빛 꿈에 취해
낭만을 노래하던 베짱이는
물 아래 고요히 잠든다
나는,
그저 세월을 마시며
손끝에 닿은
한 줌의 흙을
조심스레 더듬는다

진해 군항제

남쪽 마을 하늘빛 어우러진 봄날
둥글게 퍼진 벚꽃 가로수 긴 터널 아래
꽃비처럼 내려앉는 순간
발그레 머금은 미소로 꽃 마중한다

서울을 떠나오던 길
가지에 조롱조롱 맺힌 꽃망울
겨울나무 사이로 연한 색조만 스치더니
천 리 먼 길 땅끝 바닷가에는
팡파르처럼 울려 퍼진 군악대 나팔 소리에
벙긋 입 벌린 만개한 꽃잎들이다

전망대 위에 서서 내려다본 축제의 땅
가녀린 여인의 옷깃처럼
손끝 닿을 듯 가까이 다가와
하늘이 작은 붓 하나 내려주었는지
분홍빛 꽃물 흠뻑 찍어
점점이 하얀 마을 그려 놓았다

떠나는 님들 가슴마다
선물 같은 꽃 그림 담겨
한 아름 사랑 여물게 하고
흩날리는 벚꽃잎은
살랑이는 바람에 입맞춤이다

초록 숨결

정겨운 가을바람 추적추적 내리는 갈색 빗방울
우산 속에서 바라보는 너른 운동장
그 옛날 노르스름 은행잎 잔뜩 깔린
화장터 앞마당 떠오른다

해 부신 가을날 은행잎 밟으며
동네 아이들 마냥 뛰놀던 그 자리
세월 흘러 어느새
맑고 고운 초등학교 들어서고
달걀귀신 몽달귀신
밤 되면 처녀 귀신 울고 돌아다닌다고
흐물거리며 떠돌던 교실 안팎 어두운 넋두리
땅거미처럼 아이들 귀엣말 속살거리더니

티끌 같은 세월 흘러 이제는
또 다른 아이들 동동 뛰며 꿈 키우고
춤추는 칠판 보며 웃음꽃 낭창낭창 흩날리는
힘차게 풋볼 놀이 달음질하는
세월의 그림자 사라진

초록 땅이 숨을 쉰다

사랑은 어쩌면
뜨거움이 아닌 끝까지
남아주는 것일지도

노을

본명 정미. 호수문학회 회원.

초대
풀지 못한 보따리
불꽃 이후
냉이 꽃
블랙 커피

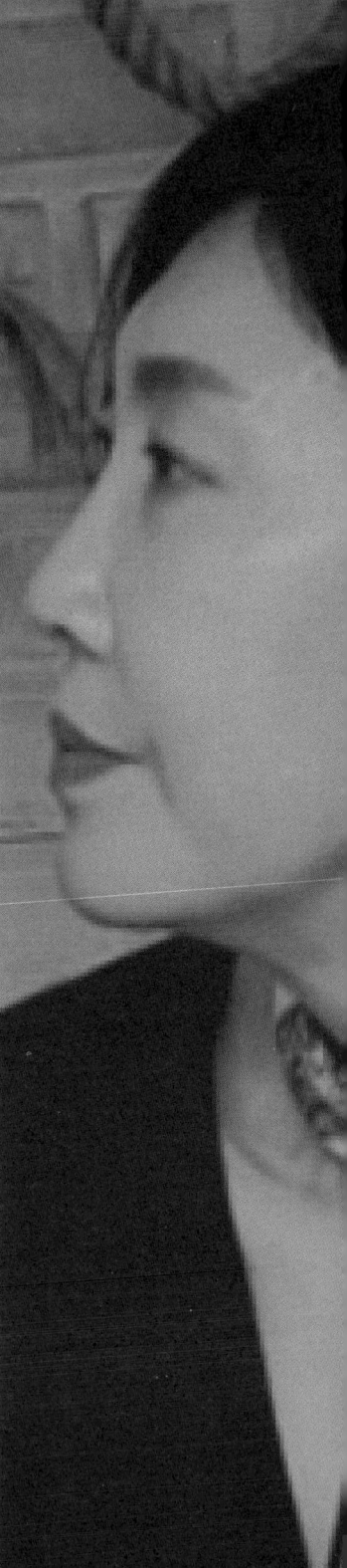

초대

벚꽃 몽우리 터지기 전에
진달래 노란빛 물들기 전에
잠시 그대 다녀가길 봄이 흰 눈을 초대한다

두 계절 제대로 인사 못함에
바람은 아쉬운 듯 순한 미소 짓고
넓게 열린 하늘은 흰 눈을 소복이 날려 내린다

따스한 햇살 겨울의 손끝 스치고
하얀 눈꽃 봄의 가슴에 내려앉으면

한순간 말없이 다가와
그리운 만남을 나누듯 서로를 품어 아름답게 빛난다

노을

풀지 못한 보따리

울고 있었다
검은 옷도 준비하지 못한 채

당신은
무슨 일이 있었는지 묻지 않았고
가늠 수 없는 몸 기차에 그냥 실었다

보따리엔
떨리는 손이 잡은 옷가지
말하지 못한 마음이 묶여 있었다

며칠의 시간은
딸이 뭐라도 먹으면
손녀 초등학교만 졸업하면 고등학교 들어가면

그렇게 스물다섯 해
온기 가득한 집의 등불이 되어주었다

한 번도 풀리지 않은
보따리 천은 배래고 끈은 닳고
당신의 이름도 거기 틈 없이 접혀 견뎌낸 설움이 숨죽여 울고 있었다

불꽃 이후

마주한 눈빛엔 심장이 일렁이고
손끝에 닿는 숨결 격렬하고 뜨겁다

수백 번 불꽃 일다가도
사소한 말에 가슴 데이던 시절

영원할 것 같던 열정은
시간이 틈마다 스며드는 모래에 잠겨

데이지 않을 온도
아프지 않는 감정만 서로 마주한다

불꽃이 사라진 자리
남아 있는 재가 아직 따뜻한 건

서로의 등을 토닥이며
삶이란 긴 길을 함께 걸어가는 여정

사랑은 어쩌면
뜨거움이 아닌 끝까지 남아주는 것일지도

냉이 꽃

산밑
예비군 훈련장 옆 배밭에
엄마를 닮은 냉이꽃이 배꽃보다 먼저와 누워있다

엄마는 푸릇푸릇 연한 냉이 캐고
난 뿌리 굵고 질긴 황새냉이만 캔다

고무 다라 가득 담아 돌아오는 길에
배꽃이 엄마 머리 위에 하얗게 내린다

냉이에 꽃이 피면
아무도 눈여겨봐 주지 않는다
내 머리에도 흰 꽃이 피고 있다

냉이꽃 한 송이가
이렇게 오래 아프게 내 안에서 피는 줄 몰랐다

배밭 사이로 바람 불면
꽃 진 자리마다 머무는 눈빛 스민다

블랙 커피

밤의 잔향이
창가에 머물면
하루보다 먼저 깨어나는 입술 위로
검은 꽃처럼 피어나는 그윽한

쓴맛
천천히 목을 지나니
간밤의 몽롱한 영혼 맑아지고
달콤함은 헐거워진 몸짓 펼쳐낸다

혀끝 바람으로 스치면
누구의 이름도 닮지 않는 하루가 깨어나

무채색 창밖 햇살
잔잔히 잔을 건너와 머물면

건네준 온도만큼 오늘이 다가온다
쓴 것 단 것 시린 것이 갈아입지 않은 나인 채로

가끔은 내가 나이고 싶을 때가 있다.
나는 어디서 와서 어디로 가는가.
지천에 꽃이 만발해 있건만,
마른 식빵을 먹듯 건조해진
삶에 웃음을 심어 보자고 마음 밭을 일군다.
사람이 꽃이 되는 삶,
처음부터 다시 시작할 수 있다면 그래 보고 싶다.

박태희

2019년 월간 『수필문학』 천료 등단. 문학 동인 『글풀』 회원.
수필집 『설움도 그리움이 된다』.

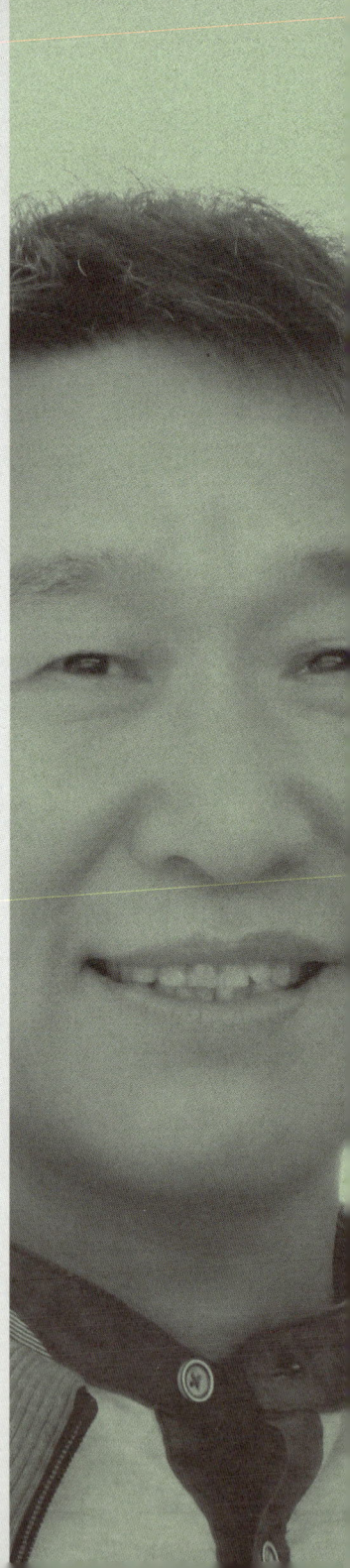

고기잡이는 갈대를 꺾지 않는다

그리움의 시간은 거꾸로 흐른다

데칼코마니 62

시와 씨

아, 세월아

고기잡이는 갈대를 꺾지 않는다

세월을 낚겠다고 댑싸리 통발을 꿰차며
주어진 날들이 제 것이라는 환상에 묻혀
정작 그 말이 무슨 뜻인지도 모르면서
하루살이의 내일에 대해 무상無相을 부르짖었지

존재에 대한 사유 자체가 불가능해
몸속에서 마음을 찾을 수 있다는 무식으로 무장한 채
먼저 죽기 위해 서로 싸우는
사탄 나부랭이들의 소굴로 들어갈 시간

뒤집힌 물방개 인생을 아는 양
알맹이 없는 주둥아리 세 치 혀에 농락당해
인생은 짧고 예술은 길다는데
예술이나 하다 길게 죽었으면

오늘이 살아온 날들의 마지막 날이 아닐 수 없는 것
죽음보다 삶이 더 좋은 거라면
겨자씨만큼이라도 제대로 된 앎을 먹고
배부른 돼지가 되리

그리움의 시간은 거꾸로 흐른다

눈곱을 떼지 않고 눈밭에 나와
고무신을 뒤집어 신은 채
거꾸로 걸은 적이 있다

풀 뜯는 어미 소가
연신 새김질하며 선 채로 오줌을 누는
오돌개 먹은 검붉은 입술 위로 코를 댓자나 흘리며
조막 내기가 물 장난치는
감자를 까는 손등으로 하얀 땀방울이 눈물처럼 떨어지는
그곳이 그리울 때

거꾸로 걷는 걸 잊은 지금
앞으로 앞으로만 가는 것이 몸에 배
먹은 여름을 토하는 매미가 옷을 벗는 철이 와도
거미가 똥구멍으로 뱉어내는 시간의 잔재들을 바라보다
갈아입지 않고, 옷을 입은 채 잠든다
오늘의 나를 그대로 내일로 데려가고 싶을 때, 그렇게 한다
책장을 덮지 않고 엎어두면 계속 읽고 있는 기분이 든다
신발을 꺾어 신으면 곧 집으로 돌아갈 것 같다

소똥 위에 떨어진 감을 까치가 실눈으로 바라볼 때

날파리의 숨을 훔쳐 먹고 배가 부른 나는
하나씩 하나씩 옷을 벗어 던지고
거꾸로 거슬러 오르는 시간이 멈출 때까지
먹은 숨을 천천히 뱉으며
꺾은 신발을 뒤집어 신는다

데칼코마니 62

나에게 허기진 나는
이 꼴 저 꼴 눈이 침침하도록
어제도 오늘도 나를 그린다.

거스를 수 없는 시간의 소용돌이 속에
언제 갈지 한 치 앞도 모른 채
굶주림에 숨을 숨죽이고
메마른 침묵으로 나를 갈망한다.

스멀스멀 기어오르는 욕망을 삼키며
통통 불어 터진 나를
여명의 끄트머리에 옭아맨다.

나는 아무것도 할 수 없다.

태어날 때 그랬던 것처럼
태양빛에 여린 몸뚱이 노출되면서
나는 나와 함께
이 땅에서 물안개처럼 증발하겠지.

시와 씨

늦깎이로 글을 깨치는 할매

암팡지게 침 바른 연필로

시와 씨를 써 놓고

무수씨 배차씨만 시랑가

그 씨는 이 시가 아니랑게유
어린 손녀의 지청구는 아랑곳 없이

시가 빌경가
밭때기서 트나
맴에서 트나 잘 자라믄 시지

호미 괭이 내려놓은
늙은 할매 손등에
한 알 주름 시앗이 움튼다

아, 세월아

미친년같이 이게 뭔 꼴이래
헝클어진 누이 머리를 빗질하며 할미가 혀를 찬다.
이렇게 선머슴처럼 하고 다니면 나중에 커서 시집 못 가.

안 가고 할미랑 살지
손끝에서 머릿결을 타고 흘러내리는 순박한 고집에
때꾼한 눈이 허우적대는 시간 속으로 빠져든다.

지워지지 않은 희미한 기억
찰나의 비명도 없이 할미는 떠나고
거추장스러운 체면 따위를 벗어던지고
저절로 잉태되는 설움을 안은 채
누이가 시집을 가고

어둠을 삼킨 열엿새 달에 발목이 잡힌 갈대가
늦바람에 제대로 미쳐 서걱서걱 울음 운다.

찻잔을 들고 창가에 와 서면
당신이 어디선가 흐느끼고 있나 보다
은행나무 잎이 내 곁에 와
우수수 몸부림치는 것을 보면

진정희

2002년 『한국문인』 등단. 시집 『귀로에』.

흔들리고 있다

귀뚜라미와 나

난전에서

창밖의 은행나무

격포항

흔들리고 있다

가로등 빛이 별만큼 멀기만 하다

외곽 순환도로를 고속으로 달린다
앞 차가 진로를 방해하자
갓길로 빠져나와 더욱 속력을 냈다

고장 수리 중인 차량의 삼각대가 길을 막는다
잘나가나 싶을 땐 늘 대형사고가 기다리기 마련
나를 막는 장애물로부터 벗어나고 싶다
핸들을 좌우로 꺾으며 엑셀러레이터를 꾸욱 밟았다
굉음과 함께 몸에서 취기가 증발하자
비로소 내가 바로 보이기 시작한다.
떨어져 나간 가드레일을 사이에 두고
뒤집힌 차가 난간에서 시소처럼 흔들리고 있다

허리가 부러진 가로등 빛도 마음을 정하지 못한다

저 아래 도심의 입간판 위로 뛰어내릴 것인지
이대로 낭떠러지에 매달려 있을 것인지를.

귀뚜라미와 나

죽은 듯이 누운 방구석에
귀뚜라미 한 마리가 촉수를 비빈다
창살 틈으로 스며든 양지에도 나와 보고
가랑이 사이를 기어보고
저를 보는 내 간장 속을 더듬어 보기도 한다

언제쯤 잠들지 염탐하나?
괘씸한 것 잡아서 방아를 찧을까...

가만가만 다가가 손바닥으로
확 낚아채는 것인데, 아하!
귀뚜라미는 간 데 없고
손아귀엔 온갖 시름만 잡혀 있네

난전에서

모란역 지하도 입구, 통마늘 같은 쪽을 지고
언제나 그 자리를 지키는 할머니
먼지바람이 머리카락을 날리면
파리한 손으로 때 묻은 비녀를 고쳐 찌른다
돗자리에는 늙은 호박 서너 덩이
말린 고사리와 불린 콩 몇 푼어치 전을 펼쳐 놓으면
바쁜 걸음걸음의 흘깃거리는 시선에
채소는 더욱 말라가고, 오후의 햇살만이
욱신거리는 어깨를 주무르고 있다.

어쩌다 장 어귀를 맴도는 눈빛과 마주치면
조그만 대접 안에 콩 한 줌을 더 얹어 내지만
다시 바닥에 주르르 떨어지는 그것은 생존
호박꽃과 고사리 울타리 콩 넝쿨
시름 한 줌씩 담긴 검정비닐 봉지 속에도
울긋불긋 피어나는 난전이 펼쳐진다.

창밖의 은행나무

당신이 나무에 기대서서 울고 있나 보다
그래서 창밖의 은행나무들이
우수수 이파리를 흔들고 있나 보다

이제껏 나를 괴롭힌 건 사랑이었다
이제껏 나를 아프게 한 것도 사랑이었다
당신을 만났을 땐 불 속에서나 물속에서나
사랑할 수 있을 것 같았지만
불같은 삶에 몸을 던지지도 못했고
강물이 바다로 흐르듯
머리 맞대어 합류하지도 못했다

순한 사슴처럼 어울리어
숲이 시키는 대로
산이 시키는 대로 살고 싶었지만
사랑이 이끄는 대로
순종하며 따라가지도 못했고
밤하늘과 새벽 가로등 사이를 헤맬 뿐

찻잔을 들고 창가에 와 서면
당신이 어디선가 흐느끼고 있나 보다
은행나무잎이 내 곁에 와
우수수 몸부림치는 것을 보면

진정희

격포항

안개 짙은 밤 바닷가

파도가 발바닥을 절이고
움푹 패인 가슴께로 밀려온다
바다는 앞치마를 두른 횟집 주인처럼
시퍼렇게 칼날을 세운다

껍질 벗긴 우럭 한 마리
요동치는 살점이 저며져
차곡차곡 접시에 담긴다
술 취한 바다의 탐욕스런 혀가
내 몸에도 초장을 바르려 한다
짐짓 뒷걸음치는 귓가에
파도를 타고 들려오는 목소리

어머니는 삼베 고쟁이 속 곪은 상처를
아직 친친 동여매고 있다
일곱을 키웠지만 뒤돌아보지 못한 바다가
눈 비빌수록 안개비를 뿌린다
녹슨 못 자국에 풍기는 비릿한 내음

바다를 삼킨 내장에서 이는 격포가
또 다른 파도를 밀어내고 있다

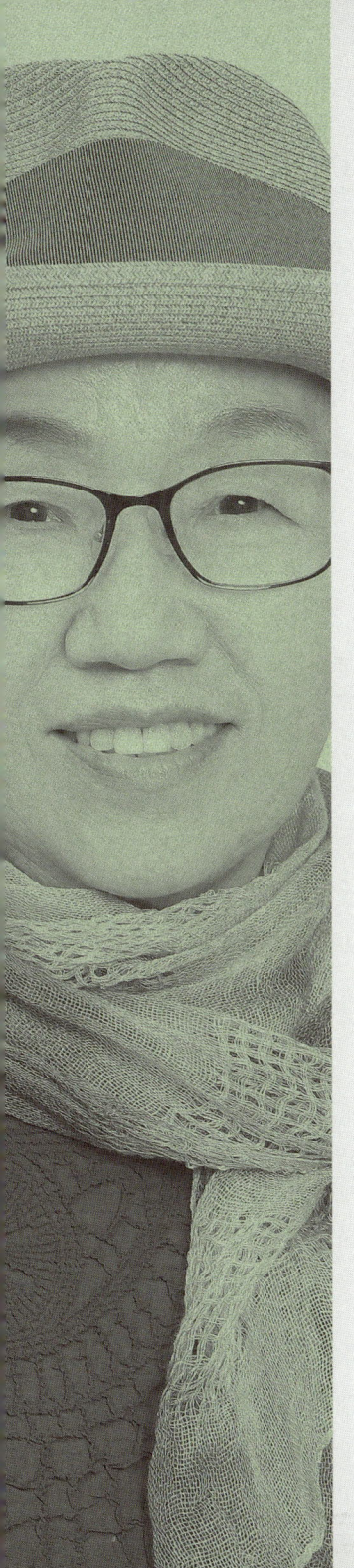

안개 속에 새벽은
약속의 태양을 기다린다

모정화

2025년 계간 『문파문학』 신인상으로 등단.
호수문학회 회원.

취하고 싶다
비 오는 아침
길 잃어버린
보이는 것
기다림

취하고 싶다

따사로운 햇살에 이끌리듯 머무는 곳
고요하게 흐르는 청명함으로부터
달콤한 향기를 간직하고 있다

잔잔한 호숫가의 평화가 차곡차곡 쌓이고
파란 하늘이 붉게 익어간다

감미로운 향기
아련한 유혹의 손길에 온몸이 붙들린다

같은 듯 다른 화려한 향연
빨갛게 불사르는 장미의 열정
황홀한 어지러움에 스며든다

넘실거리는 녹음 켜켜이 숨을 고르고
춤추는 잎사귀 사이로 번지는
야릇한 함성이 귓가에 부딪쳐 속삭인다

까슬하고도 부드러운 음성
대지를 흔들며 흩어지는 이야기를 줍는다

취하고 싶다
은은하게 빛나는 시어

비 오는 아침

유월의 비바람 부는 날
가만히 기대어 창밖을 바라본다

부실부실 내리는 작은 물방울이
바닥을 둔탁하게 두드린다

마음을 흔드는 거리
오고가는 발자국들이 리듬에 맞추어
분주하게 그림을 그리며 지나간다

빗물이 원을 그리며 모여든다
넓은 세상을 향해 나아갈 수 있을까
작은 물길을 이루며

빗방울이 앞다투어 다가와
유리창에 쭈르륵 흘러내린다

내일을 지탱하려는 몸부림이
창가에 서성이고 있다

길 잃어버린

거꾸로 가는가 보다
봄을 잃은 가을바람이 몰려오는 날

따스한 햇살에 놀라 함박웃음을
터트리는 수줍은 철부지가 있다

단풍나무 푸른 잎새들이 화들짝 놀라
어리둥절 바라본다

긴 여행을 떠나려 준비를 하고 있다

바닥에 엎드린 풀잎들도
눈망울을 비비고 당황하며 폴짝거린다

은행나무가 무안해하며 별것 아니야 하고
시큰둥 궁시렁거린다

의젓하게 서 있던 소나무가
얼굴색도 변하지 않고 무심한 듯 먼 곳을 바라본다

가을꽃도 아닌 벚꽃잎 하나가 천방지축으로 뛰어다니다가
갈 길을 잃어버리고 낯선 정거장에 팔랑 뛰어들었다

보이는 것

파란 하늘에 점점
나뭇가지 사이로 올망졸망
보이는 무한의 삶이 서성인다

발자국이 모여있는 곳곳마다

깨알 같은 이야기 산더미같이 쌓이고
모래알같이 흩어져 있다가도
그들만의 성을 이룬다

땀 흘리며 열중하는 일개미
시원한 곳에서 노래하며 즐기는 무리들
보이는 것이 보일 뿐
어두운 곳은 어두울 뿐

세상이 갈라치기로
부딪치고 부서지는 아수라장

얽히고설킨 굴레
초원의 따사로운 햇살을 그린다

모정화

기다림

새벽바람이 잠을 깨운다
먼동이 트는 내음이 사라지지 않고
상큼한 공기를 보듬고 있다

어슴푸레 속삭이는
몽롱한 안개의 기억

꿈을 꾸던 바람은 기억에서 사라지고

영롱한 구슬들이 반짝이며 누워 있는
풀잎들의 소곤거림

안개 속에 새벽은
약속의 태양을 기다린다

그리움의
시간은
거꾸로
흐른다

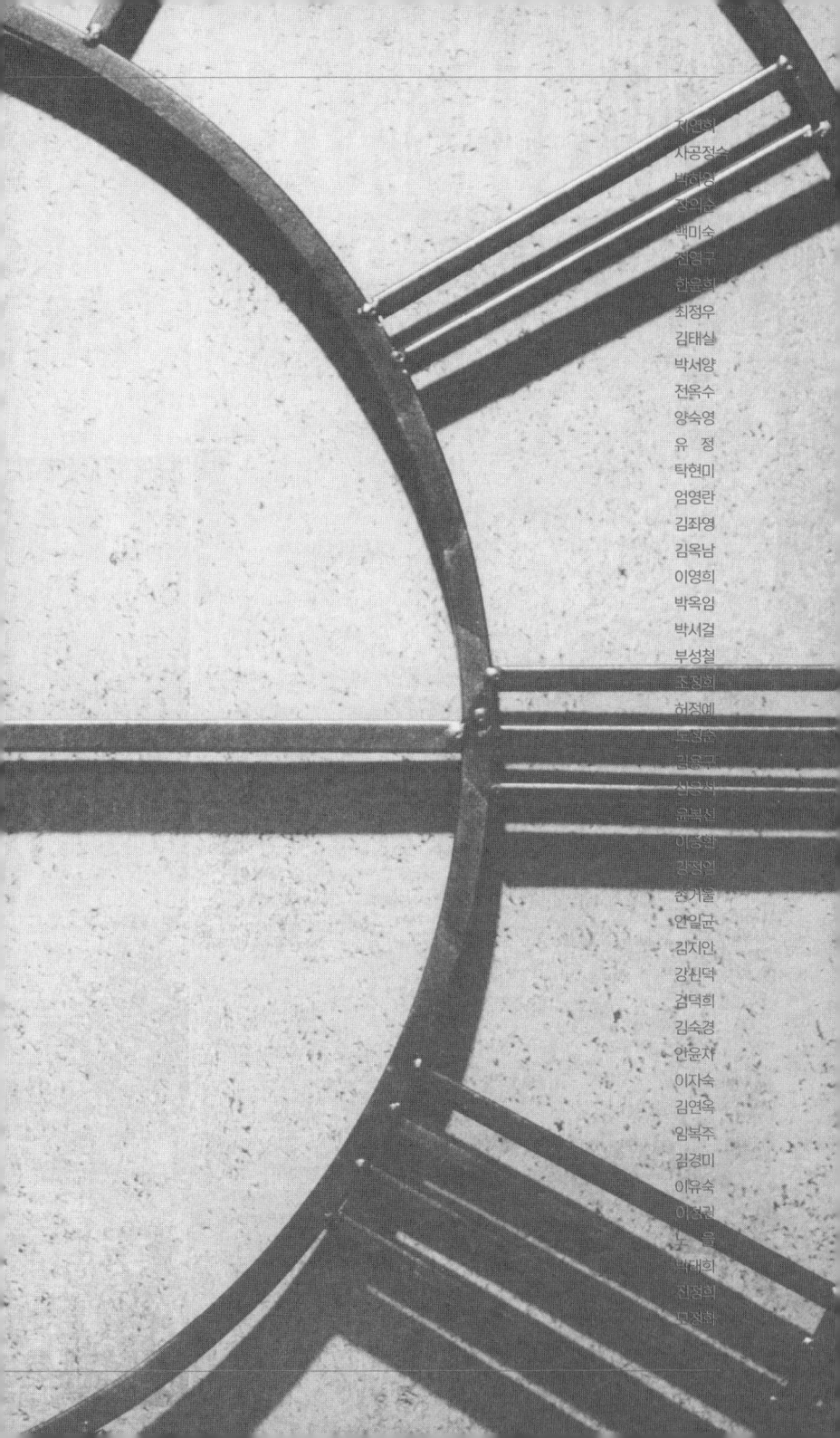

정연희
사공정숙
박하정
전의숙
백미숙
김현구
한은희
최정우
김태실
박서양
전옥수
양숙영
유 정
탁현미
엄영란
김좌영
김옥남
이영희
박옥임
박서걸
부성철
조정희
허정예
도현순
김용구
김경희
유복선
이충화
강정연
윤기를
연일균
김지안
강신덕
김덕희
김숙경
안윤자
이자숙
김연옥
임복주
김경미
이유숙
이현정
노 을
박대학
진정희
민정화

그리움의 시간은 거꾸로 흐른다

2025